injeto flores
narsie

Copyright © 2022 by Editora Letramento
Copyright © 2022 by Narsie

Diretor Editorial | **Gustavo Abreu**
Diretor Administrativo | **Júnior Gaudereto**
Diretor Financeiro | **Cláudio Macedo**
Logística | **Vinícius Santiago**
Comunicação e Marketing | **Giulia Staar**
Assistente de Marketing | **Carol Pires**
Assistente Editorial | **Matteos Moreno e Sarah Júlia Guerra**
Designer Editorial | **Gustavo Zeferino e Luís Otávio Ferreira**
Capa | **Sérgio Ricardo**
Revisão | **Sarah Guerra**
Diagramadora | **Isabela Brandão**

Todos os direitos reservados. Não é permitida a reprodução desta obra sem aprovação do Grupo Editorial Letramento.

Dados Internacionais de Catalogação na Publicação (CIP) de acordo com ISBD

N235i	Narsie
	Injeto flores / Narsie. - Belo Horizonte, MG : Letramento ; Temporada, 2022.
	190 p. ; 14cm x 21cm.
	ISBN: 978-65-5932-215-2
	1. Literatura brasileira. 2. Poesia. 3. Reflexão. 4. Antologia. 5. Amor. 6. Vício. 7. Poema. 8. Texto. 9. Flor. 10. Droga. 11. Refletir. 12. Trauma. 13. Álcool. 14. Sofrimento. 15. Introspecção. 16. Sentimento. I. Título.
2022-1968	CDD 869.1
	CDU 821.134.3(81)-1

Elaborado por Vagner Rodolfo da Silva - CRB-8/9410

Índice para catálogo sistemático:
1. Literatura brasileira : Poesia 869.1
2. Literatura brasileira : Poesia 821.134.3(81)-1

Rua Magnólia, 1086 | Bairro Caiçara
Belo Horizonte, Minas Gerais | CEP 30770-020
Telefone 31 3327-5771

TEMPORADA
é o selo de novos autores do
Grupo Editorial Letramento

editoraletramento.com.br • contato@editoraletramento.com.br • editoracasadodireito.com

7	**INTRODUÇÃO**	52	esteja preparado para tudo o que eu vou escrever sobre você
9	**AS FLORES**		
10	apresentação	54	meu cabelo é estranho
11	o espetáculo das flores	56	mimada
12	anjo	58	procura-se
14	atravessar a lua	60	cura
15	constelações	62	de outras vidas
16	quando o sol encontrou a lua	64	indecifrável
19	estrelas	66	eu quero ser o amor da sua vida
22	supernova	69	o amor está em todo lugar
24	máquina do tempo	70	o amor é uma grande queda
26	trovoada		
28	inflamável	72	afogada
30	coração em chamas	74	avassalador
32	delicado	77	tudo o que eu não deveria sentir por você é amor
34	flores urbanas		
35	pessoas da cidade	78	permissão
37	olá, minha nova esperança	80	imaculada
		81	o vazio no quarto
40	nós vamos fazer as flores crescerem de novo	82	mate as flores
		83	o escritor
42	in between	85	flores murcham
43	hipérbole	87	vamos nos tornar as flores
45	metalinguagem	89	eu quero as flores
46	esquecimento	91	superação
49	assassinato	93	de manhã
50	uma garota que escreve	94	amor ou insânia

96	nós somos as flores	137	hades e perséfone
98	OS VÍCIOS	138	as flores não são as drogas
99	injeção	139	silenciosa
100	vícios	140	eu estou aqui?
101	o cigarro é meu eu-lírico	143	é assim que eu quero ser lembrada
102	o poema do último cigarro		
103	cigarro não é poesia	145	um dia
105	o cigarro vai nos manter quentes	147	escape
		148	saída
107	às vezes eu sinto falta de um cigarro	150	eu quero ser artista
		152	arte mata?
109	apagados	153	nossa dança não era um balé
111	filosofias de boteco		
114	recaída	155	a arte é meu evangelho
116	injetável	157	rebelem-se
118	o amor me obriga a beber	158	os poetas
120	eles me queriam bêbada	160	impacto
122	bêbada	161	acordada
123	amar dói como um soco no estômago	163	entre os meus cadernos
		165	seu nome
125	destruidora	167	anjo pt. II
127	estocolmo	168	poetas
129	eu bebi para te esquecer	169	o problema dos poetas
131	ausência	171	dentro
132	pretérito mais-que-perfeito	172	tudo é temporário
133	você só me ama porque eu ainda não te destruí	173	efeito colateral
135	ela não é sua salvação	174	remédio

175	hipocondria	181	eu gosto de romance, mas prefiro vingança
176	proposta		
177	opostos	183	a morte está em todo lugar
178	o suave e agressivo movimento dos seus lábios	184	preparação
		185	desgaste
179	você não é de verdade	186	fim

para aquele que é tão bonito quanto as flores,
tão entorpecente quanto as drogas.

INTRODUÇÃO

*"injetar flores/ significa acreditar/ que aquilo
que te destrói/ ainda pode te salvar"*

eu dizia que amor não existia, e quando provei dele quis mais. os vícios depois do amor eram meu único modo de escape e eu me apoiei neles para esquecer que o amor havia existido. no pior momento da minha vida o amor era um cão dos diabos e os vícios eram minha salvação. eu me apoiei nas drogas e esqueci das flores. não sabia se ia dar certo ou não.

as flores tinham espinhos e as drogas eram entorpecentes. o que era para ser lindo não era, o que era pra ser destrutivo me viciou por inteiro; não sei se é isso que chamam de autodestruição. a verdade é que o amor era repleto de dor e os vícios eram torpes, e, na situação em que eu estava, preferia simplesmente não sentir mais nada.

o que te faz feliz vai te fazer mal algum dia e isso é óbvio. não existe um amor perfeito, nem uma droga que te entorpeça o suficiente. a verdade é que o amor é repleto de imperfeições e os vícios não são a melhor saída, mas às vezes a gente acredita que sim, porque assim como o amor é divino e os vícios são perturbadores, o amor pode ser um tormento e os vícios podem ser reconfortantes. se as drogas não te destruírem, as flores vão. às vezes você pode acreditar que a dor é bonita e que o entorpecimento vale a pena; mas, infelizmente, todos os dias nós vamos acordar em uma cama vazia, sozinhos, sóbrios e de ressaca.

AS FLORES

você não pode deixar que te injetem flores.

você irá odiar amar quando amar de verdade. vai doer e não vai ser bonito, mas é exatamente desse jeito que funciona o amor. se você não acredita agora, pode estar destinado a levar um soco no estômago.

toda rosa tem seus espinhos, não é? e nem tudo são flores, eu sei; o amor também não. pode ser que sejam borboletas ou sapos no seu estômago. pode ser que ele prefira o cigarro de menta ao de cravo. pode ser que você seja nublado, e ele tempestuoso. pode ser que vocês se tornem flores mortas. nem tudo são flores, e o amor às vezes é romantizado, eu sei disso.

você pode até achar que flores são perfeitas, mas elas decoram tanto casamentos quanto túmulos. será que esses são os únicos caminhos que o amor pode te levar? até onde ele vai? só sei que o sofrimento não é opcional, e que você está sujeito a quebrar a cara quando amar.

no fim, amar nada mais é do que um vício. não é muito difícil ser dependente do amor. as flores representam o que é bonito e natural, mas flores não se regam sozinhas, flores não crescem em qualquer solo, flores morrem, assim como nós. se você pretende levar o amor para a frente para descobrir aonde ele vai, é uma responsabilidade sua. mas aqui vai um conselho, meu caro amigo: você não pode deixar que te injetem flores.

apresentação

eu sei que quando eu duvidar da minha existência
e não souber quem eu sou
e qual meu lugar no mundo
eu ainda vou ser
só aquela garota
que escreve em tudo

o espetáculo das flores

senhoras
e senhores
começa agora
o espetáculo das flores

nascem de botão
e exibem-se, esplendorosas
tulipas, margaridas
lírios e rosas

vem alguém e corta
vem alguém e mata
vem alguém e faz morrer de uma só vez

todas mortas

do mesmo jeito que você fez.

anjo

uma vez
eu caí

e não consegui mais voar

não lembrava de onde tinha vindo
mas acabei caindo

eram minhas asas derretidas
e o tornozelo torcido

eu precisava voltar?

mas te encontrei
no caminho
que todos fazem sozinhos
andando meio torto

eu realmente precisava voltar?

você cuidou dos ferimentos
curou alguns tormentos meus

eu não queria voltar

eu era o caos
de uma ferida aberta
asas quebradas
e alturas incertas

eu era o caos
de um anjo
que se apaixonou
por um demônio — você

eu era o caos
dos pecados
e das promessas
santificadas

eu sabia que era impossível
mas seria incrível,
não seria?
se você pudesse me tocar

de um jeito que não fosse apenas
para salvar

eu era o caos
celestial e etéreo

você era o caos
dos meus gritos internos

mas você me curou
e agora eu posso voar

mas eu não quero

porque você me salvou

e eu me perguntei
como era possível
um demônio ser
tão gentil

atravessar a lua

você me faz
ver estrelas
e nelas estão as
sequelas — aquelas de tudo aquilo que nós somos

nós somos feitos de poeira cósmica

a sua mente
é uma galáxia
complexa e intacta
na frequência exata — alguns decibéis até descer mais

foram anos-luz até eu te encontrar

estar com você
é quase como observar a via láctea
não importa o quão grande seja
nós ainda estamos dentro dela

os passos que você dá
e os olhares que você lança
é como atravessar a lua
é como se não houvesse distância

e encontrar o que te faça sorrir
é quase como observar um eclipse
acabando
o sol volta
e brilha
e você continua me olhando.

constelações

dou-lhe a liberdade
de explorar todas as minhas constelações
e deitado
vê que o céu é alvo

agora não hesitarei
ao beijar minhas estrelas
no silêncio, ao momento

acho que estou em órbita

não ligue se eu continuar tremendo
está frio lá fora
está frio aqui dentro

depois de tanto tempo
alguns anos-luz
suas mãos fazem caminho
a olho nu

não repare em quanto a dor
pode ser colorida

dou-lhe a liberdade
de explorar todas as minhas constelações
mas cuidado
você tem o céu em mãos

quando o sol encontrou a lua

você me perguntou
como era possível conseguir ver
o sol e a lua no mesmo céu
mas eu não soube responder

o sol é uma estrela
e a lua, um satélite
e o brilho do sol a lua reflete

o sol brilha
e por causa dele existem manhãs e tardes
enquanto a lua é um elemento da noite
no meio das outras estrelas, onde ela faz parte

e eu imagino que a lua
tenha se apaixonado pelo sol um dia
mesmo olhando para as estrelas
ela escolheu aquela que a ilumina

tão grande e tão distante
tão inalcançável
tão importante, tão lindo
e tão indecifrável

por que ele olharia para algo tão pequeno quanto eu?

olhar de longe
e perceber que longe permaneceria
doía
porque imaginar que fosse possível
acontecer
era fantasia

os anos-luz de distância
eram um obstáculo no vácuo
um caminho vazio
um destino traçado

nunca se encontrar

mas quem disse que não?

não importa a duração da rotação
ou da translação, ou da aflição
ela vai continuar rodando
ela vai continuar te encontrando

talvez cada vez mais perto
talvez cada vez mais errado
talvez cada vez mais certo

talvez um dia você consiga ver

uma lua tímida parada
no céu azul da tarde estrelada
uma lua pela metade
esperando o sol se pôr
para que possa dizer:
eu vou estar aqui, mesmo quando você não estiver

observando a terra
observando pessoas como nós
enquanto o céu se encobre com estrelas
eu a observo de volta
mas você não a olha porque está me olhando

e foi quando o sol encontrou a lua

no meio de uma noite escura
em uma festa qualquer
quando os olhares se encontraram
"eu sei quem você é"

e eu não sei mais
se estou falando sobre o sol e a lua
ou sobre nós dois

você me perguntou
como era possível conseguir ver
o sol e a lua no mesmo céu
e eu consigo dizer
que isso é possível do mesmo jeito
que eu me vejo com você.

estrelas

em certo momento da minha vida
eu não tinha nada —
ou acreditava não ter
nada nem ninguém

eu olhava para o céu, pensando:

"deus, você está aqui?
você está comigo?"

e então
numa noite muito escura
a lua me disse:

"tudo bem, não se preocupe —
você ainda tem as estrelas"

eu tinha deixado
de acreditar nelas fazia tempo

e toda vez que a noite terminava
eu fumava um cigarro olhando para elas
pensando:
"eu tenho vocês?"

e elas sempre
me tinham também

nos momentos em que fui feliz
depois de noites incríveis no bar
com meus amigos
com minha família
eu olhava pela janela do carro
bem no fim da noite
e eu tinha as estrelas

e foi desse jeito
que eu descobri
que não estava sozinha

e isso me fez pensar que talvez
não sejam só as estrelas
mas sim a esperança
de que as coisas irão melhorar

quando eu olho para o céu
eu sinto conforto
mesmo em noites nubladas
ou noites de lua nova

eu ainda tinha as estrelas

e não importava o quão fraco
eu brilhasse
elas nunca
me deixaram apagar

o brilho das estrelas
era o motivo pelo qual
eu ainda acordava
todas as manhãs

e eu esperava pela noite
porque sou uma criatura noturna

e eu sinto
que se um dia eu perder tudo
tudo o que eu tenho
se não me sobrar nada
como eu acreditei que aconteceria
eu ainda teria a esperança
de voltar a brilhar novamente

isso me fez perceber
que não importa o tamanho da escuridão
não existe um céu
em que as estrelas não possam brilhar

então
depois de tudo isso
se um dia parecer
que você nunca mais vai brilhar
se um dia perceber
que está totalmente sozinho
não esqueça que o universo
também faz parte de você

e, quando não tiver nada a perder
olhe para cima, no céu iluminado
a lua irá te dizer:

*"vai ficar tudo bem,
você ainda tem as estrelas"*

supernova

"nós não estamos apenas no universo,
o universo está em nós", ele disse

e eu me perguntei
como é possível
ser feita de estrelas

nós viemos de uma grande explosão enigmática
nós viemos responder perguntas
mas só conseguimos mais perguntas
para fazer

e eu me perguntei
se um dia
acharia a resposta

a ciência e a arte têm coisas em comum
quanto mais você aprende
menos você sabe
se é que me entende

e o conhecimento é o portão da mente —
a Verdade

e nós nunca vamos atravessá-lo

e eu me perguntei
nós não estamos chegando
a lugar nenhum, estamos?

viver é uma longa jornada
de volta para casa

uma explosão cósmica e enigmática
dentro de mim
invisível a olho nu

se é para ser uma explosão
que eu seja supernova

que eu encontre as respostas
viemos do universo?
voltamos ao universo?

sem saber
que somos os mesmos
a fazer perguntas
e não chegar a lugar algum

como ouvi um dia
um alquimista dizer
"um é tudo
e tudo é um"

máquina do tempo

nós vivemos em um mundo
que não é muito diferente do que ele era
há séculos

nós ainda sabemos o que é amor
nós ainda precisamos da arte para
que a vida não seja um fardo

as eras acabam
os ventos mudam
e nós continuamos os mesmos —

acho que ainda não sabemos o sentido da vida

então nós procuramos respostas
e encontramos mais perguntas

já parou para pensar
em todas as coisas que não sabemos?
e nas coisas que nunca iremos saber?

a magia do mundo
é que ele sempre foi incrível e terrível
ao mesmo tempo

coisas horríveis aconteceram no passado
e ainda acontecem
mas o mundo era lindo no passado
e ainda é

nós somos os mesmos

a acreditar que um dia seremos mais
que humanos

trovoada

você é quente
e eu sou fria
eu te resfriaria
você me derreteria

e nós fomos mesmo assim

as massas de ar se colidiram
assim como nossos corpos
e os trovões estrondosos
e os raios poderosos
e os relâmpagos impiedosos
tornaram o nosso céu
uma tempestade
contra nossa vontade

mas isso nos fez querer

e eu nunca quis tanto

os trovões eram nossa trilha sonora
os relâmpagos iluminavam o seu rosto
as folhas das árvores dançavam e os ventos sibilavam

pode ser que eu seja nublada
mas você, você é tempestuoso
e nós não precisamos interromper o temporal

você dizia
"acho que irá chover"
nós chovemos

e eu só esperava que esse raio
pudesse cair duas vezes no mesmo lugar

inflamável

pessoas como eu não são perigosas,
são fatais

então manter distância
é o melhor a fazer
para não se contagiar
afaste-se

porque eu vou queimar

e é claro que chamas
se alastram

eu me disfarço
em belas ondas de calor
para quem está com frio
mas é difícil enxergar o vazio
de uma garota queimada

isso significa que você talvez nem perceba
que eu engoli seu corpo
enquanto estava deitada ao seu lado,
de madrugada

eu sei que é difícil me amar

por mais que a sensação seja quente
em pleno inverno
logo chega a primavera
e eu viro o inferno

me apaguem, por favor,
me apaguem

chegar perto demais
é um perigo instável
você escolhe sua paz
ou uma dor inflamável

eu deixo a desejar

você pode achar
que eu brilho mais que o sol
mas na verdade eu só queimo
só queimo e causo incêndios

eu sei que é difícil me amar

todos gritam fogo! fogo! fogo!
uma ameaça ambiental
que ninguém tem coragem de apagar

eu não vou te aquecer
eu vou te queimar
e você vai embora

eu sei
que é difícil
me amar

coração em chamas

certa vez me disseram
que eu era dona
de um coração de pedra,
um coração de gelo

eu ainda não sei dizer quem eu sou

mas em certas madrugadas
despida de sanidade
no meio de mais um dos meus infortúnios
meu coração queima

ele arde tão intensamente
bate rápido como uma bomba-relógio
e de repente as coisas ficam horríveis
porque eu não sei o que fazer com isso

talvez fosse melhor se eu não tivesse coração
ou tivesse um de gelo, como me disseram
talvez se eu não me importasse tanto...
mas importa e eu nem sei dizer o quanto

é isso que as pessoas chamam
de colapso?

talvez eu só seja dona de um abismo muito grande
dentro de mim

nós pensamos que o fogo aquece
mas que também gera incêndios
e eu estou lentamente perdendo isso

meu coração arde no meu peito
um coração em chamas
uma garota de gelo

e eu não sei o que fazer
quando eu derreter

delicado

tudo em mim
é um pouco delicado

a superfície da pele é
fina e translúcida
os dedos são leves
as mãos não se cerram

o corpo é frágil
e cheio de marcas

os olhos sorriem
mas o sorriso não

as palavras que quase nunca saem
nunca insultam
nunca praguejam
nem discordam

o canto é baixo
e tende a encantar
mais que ensurdecer

a textura do corpo é macia
cai com facilidade
mas cai com leveza
como se cair
não machucasse

mas falar do que sente
e do que pensa tal corpo

bem,
é um assunto delicado

flores urbanas

ainda vendem flores
na típica selva de pedra
flores criadas para amores
paixões, obsessões e quedas

não costumava ver em flores
o que as pessoas veem nelas
alguns preferem chocolate
outros preferem velas

o ser humano é algo engraçado
acha flor bonita, então corta e mata
assim como todo o amor que possui
se não coloca água, desidrata

não comprei as flores urbanas
mas as pessoas sim
fizeram isso para lembrar que são humanas
talvez para entregar a algum fim.

pessoas da cidade

tem um palhaço — sim, um palhaço — na praça do centro da cidade, ele é amigo do meu pai. além disso, é argentino. ele diz sempre que não gosta de palhaçadas, mas é um palhaço. e a graça está nisso.

tem também um caricaturista muito legal, ele sempre usa boina e gosta de umas bandas de rock. ele também é amigo do meu pai. aliás, todo mundo é amigo do meu pai.

ainda tem um velho índio que sempre toca flauta na praça, uma estátua que se mexe, e já até vi um violinista tocando uma música erudita qualquer. tem muita gente legal por lá. também tem aquele cara que vende camisetas na calçada, e uns hippies que vendem sua arte junto dele. hoje mesmo eu vi um cara de roupa social andando de skate. foi muito engraçado, e talvez essa tenha sido a melhor parte do dia.

essas são as pessoas da cidade. artistas de rua, pessoas aleatórias que chamam atenção por algum motivo. eu sou uma delas.

eu gosto das luzes da cidade à noite, eu sempre preferi a noite. também gosto quando toca uma música legal no bar ou quando alguém está fazendo um show acústico. gosto de ir nesses bares para ver bandas tocando enquanto as pessoas bebem alguma coisa. gosto de pessoas da cidade.

tenho uma alma urbana cheia de luzes da cidade. eu nasci para isso, para conhecer pessoas da cidade. visitar lugares badalados, outros nem tanto assim. colocar dinheiro em chapéus e aplaudir os artistas.

nessa última semana fui parar em um bar novo que abriu por aqui com meu pai, e ele encontrou um de seus amigos.

nós falamos sobre como sou uma artista amadora. fadada ao anonimato, mas com um carisma interessante. duas mulheres fizeram um show acústico com um violão, um cajon e uma pandeirola, e comecei a pensar como gosto dessas coisas que não são tão exageradas, mas que também não são tão pequenas; que são realmente alguma coisa. alguma coisa que toca telegrama do zeca baleiro.

nós comemos batata frita e tomamos refrigerante. eu experimentei chopp e detestei, e no final meu pai fez amizade com o betinho, o dono do bar. ele também é uma pessoa da cidade; e, como eu disse, todo mundo é amigo do meu pai.

olá, minha nova esperança

olá, minha nova esperança
eu ouvi dizer que você me acha estranha
e eu senti nas minhas entranhas
que talvez isso seja certo

e eu criei uma criança
dançando no meio-fio do quintal as suas danças
agradecendo por ter te descoberto

talvez eu esteja errada
não me leva a mal
eu não tô apaixonada
mas eu sempre escrevo para quem importa

e você soa como um novo começo
talvez se quiser meu endereço
para bater na minha porta

eu tô perdida
tentando me encontrar
nessa aventura descabida
ou na viagem colorida
procurando alguém pra me levar

eu tô extasiada
é legal olhar pra você
com cara de apaixonada
só pra você perceber
e eu desviar o olhar do nada

você me cumprimentou
e eu quase explodi
meu coração parou
e eu só respondi
um "oi" meio sem graça
e por dentro eu estava gritando
para toda a praça

você disse que cigarro de menta
é melhor que de cravo
eu adoro o de cravo
então me apresenta
para quem sabe um dia fumarmos
juntos, talvez?
pela primeira vez
até…
a última
se você quiser

garoto, eu nem te quero
só espero
que você me queira também

quem sabe alguém diga
que precisamos ficar juntos
ou que temos muito
em comum

talvez você esteja
tomando uma cerveja
e eu te dou cigarro de cereja
que você vai adorar

mas no final
bem no final
você me pede um real
para comprar um gudang
e depois eu fico com a minha irmã
e você diz que não somos nada parecidas

mas em toda a vida
você me apareceu por um segundo
e se tornou um minuto
e talvez se torne um dia, um mês
um ano
e se não me engano
eu já tô fazendo muito plano

eu só quero que você
me veja do jeito que você deve me ver
talvez estranha
ou esquisita
talvez legal
e talvez até bonita

então você diz que gosta de
gente que te atormenta
eu puxo seu cabelo claro

talvez eu seja menta
e você seja cravo.

nós vamos fazer as flores crescerem de novo

dois corações quebrados
unidos pelo estrago
a que fomos submetidos

eu não queria saber de amor
porque não acreditava mais nisso
talvez seja melhor ficar sozinha

mas você

você e seu sofrimento
tão parecidos comigo
nós fomos algo

algo de novo

nós éramos tão diferentes
mas tão iguais

eu era seu caos
você, minha paz

eu quero conseguir explicar
o que encontros como esse fazem com o universo

porque eu sei
que foi coisa do destino

porque eu sei
que era premeditado

porque eu sei
que iria te amar
desde o primeiro dia

eu queria não ser um túmulo
e queria que você não fosse uma flor morta

e nós voltamos à vida

então o jardim
aquele quase-morto pedaço de terra
começou a dar flores

nós éramos tão espinhentos quanto as rosas
eu seguia te acompanhando com o olhar
assim como um girassol olha para o sol
você me deu flores de plástico
porque sabia que eu ia matar minhas plantas de novo
sem querer

e no meio das cinzas das borboletas
eu criei asas

nós chovemos

nós chovemos ardentemente
e o jardim voltou à vida

nós vamos fazer as flores crescerem de novo
como se nunca houvessem murchado

elas vão nascer dentro dos nossos corações

e por mais difícil que seja conseguir respirar
nós vamos ser gratos pela primavera

como se nunca tivesse havido inverno

in between

a vida não é simplesmente
nascer e morrer

estamos todos fadados
a sobreviver

hipérbole

o sorriso dele é um insulto
à minha sanidade mental
da última vez que contei uma piada a ele
fui parar no hospital

ele é um perigo para mim
de todas as maneiras
ele me faz passar mal de rir
só contando besteiras

eu já estava na UTI
antes mesmo de conhecê-lo
aí depois que ele veio
eu torci o tornozelo

e depois que ele veio
ele me matou de amor

e depois que ele veio
ele meio
que me curou

não é remédio, não é injeção
é cura em pura
diversão

e se a gente corresse agora sem rumo
eu sei que pareceria um absurdo
mas eu juro que iria

qualquer lugar do mundo ia parecer
o melhor lugar do mundo com ele
com certeza, ia

metalinguagem

eu deixei meus sonhos guardados
nos meus cadernos
e por causa disso agora eles
são eternos

eu escrevi sobre escrever
eu versifiquei sobre os versos

nada me fez desistir
de ser o que eu já sou

e sempre fui
e sempre vou ser

um dia vocês irão me conhecer

e não vai ser por nada
além do que eu escrevo

eu não vou mais esconder os sonhos
nos meus cadernos
eu preciso gritar
e meus gritos não são internos

esquecimento

eu sempre tive uma péssima memória
então é difícil contar minha história

não lembro muito bem dela

é por isso que desde pequena
eu escrevi em cadernos pequenos
que guardava em caixas pequenas
e dizia:
"é quem eu sou agora"

depois de tantos cadernos
os mistérios dentro deles
eu comecei a pensar
se estive vivendo
ou só escrevendo

eu não sei mais dizer

às vezes eram coisas reais
às vezes era pura fantasia
e às vezes eram fantasias reais
das coisas horríveis que eu via

e nunca foi nada além de mim

eu tinha medo de esquecer
meus momentos felizes
tinha medo de que eles se perdessem
tinha medo de que se esvaíssem

então eu escrevi

mas escrever não foi só pra me fazer lembrar
foi pra me fazer ser lembrada
porque sei que um dia
muitos séculos depois
existe a chance de que os cadernos caiam
na mão de alguém que pense:
"isto é importante"

é importante?
é relevante?

eu não sei
eu sempre escrevi mais para mim do que para os outros

mas o objetivo de escrever tanto
era o de querer ser ouvida
aliás, querer ser lida
apreciada ou odiada
mas lida

não esqueçam de mim!

é esse o conflito
mas todos sabem que todos
serão esquecidos

mesmo assim eu escrevo
na esperança de que um dia
minhas memórias
também sejam memórias
de outrem

e que meus desejos sejam ouvidos
por isso digo

eu escrevo para não esquecer
eu escrevo para não ser esquecido

assassinato

mato papel com caneta
e é ela
quem sangra

uma garota que escreve

namore uma garota que escreve, porque pessoas que escrevem geralmente são as que sentem demais e precisam encontrar inspiração, seja nas flores, seja nos vícios; mas, principalmente, em você. e tudo o que uma pessoa precisa é ser amada do jeito que merece ser.

ela irá escrever textos grandes descrevendo cada detalhe seu e vai eternizar momentos com frases épicas e inteligentes, porque convenhamos, ela é muito inteligente. e ela liga para momentos. ela quer escrever sobre eles também, então vai fazer cada um ser muito especial.

ela irá fazer declarações sutis e constantes, contendo a quantidade de poesia que ela consegue colocar nisso. ela vai dar tudo de si, porque é tudo o que ela sabe fazer. entregar-se, assim como uma carta longa; cheia de erros, complicada, mas linda, e com um significado imenso.

ela irá procurar significados em tudo o que você faz, porque ela é observadora, está sempre procurando sobre o que escrever. e ela sempre acha. e vai ser sempre sobre você. sempre por você. sempre para você.

ela encontrará beleza até nos teus defeitos, e dirá que você é arte, enquanto ela, ah, ela é "apenas uma artista". ela não vai só te olhar, ela irá te ver. e ela te verá com olhos que ninguém mais vê. você se perderá nela, e ela vai fazer você se encontrar, como ela te encontrou. e ela vai escrever sobre isso.

ela mandará pequenos bilhetes, escreverá em guardanapos quando estiverem em um restaurante, escreverá em seu braço um pouco de poesia, quando estiverem sentados no fim da cama às três da manhã; e te enviará cartas, e escreverá poemas com rimas, que poderão ser transformados em música. tudo o que ela escreve combina tanto com ela. é tão sutil, mas tem tanta beleza.

será que você notará isso?

será que você a merece?

ela precisará ficar acordada alguns dias, porque sua mente estará bagunçada demais com as ideias que ela tem, suas filosofias, e todas as suas divagações incompreendidas; e você, você terá de cuidar disso, meu bem. porque ela merece isso. ela merece alguém que a abrace quando ela estiver perto de enlouquecer, porque você será a heroína das histórias dela, será a calmaria que ela precisa para o furacão que ela é.

e ela talvez seja confusa demais; talvez você não a entenda. mas ela vai tentar te fazer entender. porque ela te ama, garota. e ela vai fazer tudo o que puder por você. ela só quer poder fazer de tudo por você. ela só quer escrever sobre você. por você. para você.

injeto flores **53**

esteja preparado para tudo o que eu vou escrever sobre você

quando eu me apaixonar por você, essa não será uma sentença de morte, mas uma sentença de vida. você não escolhe quando vai acontecer, o destino te escolhe. ele diz: "acho que você precisa de uma *nadine wegas* para te tirar da zona de conforto" e você sabe que ele está certo, não sabe?

quando eu me apaixonar por você, você, você mesmo! cara de sorte, eu diria. não é todo dia que eu me apaixono. hm, talvez seja toda semana, mas vamos pular essa parte e ir direto para a parte em que você é o cara certo que me acerta em cheio com uma flecha no coração e então nós temos alguma coisa.

prepare-se para a nuvem de textos e poemas que cairão sob e sobre você. eles podem falar das coisas boas ou das ruins; sobre, por exemplo, como eu adoro o seu sorriso e como tudo sobre você parece certo, ou sobre como foi fácil ter você em minhas mãos. não sei exatamente onde isso tudo vai nos levar, mas sei que vai nos levar a algum lugar.

a questão é que: ter uma garota que escreve apaixonada por você é um negócio. não diria que é difícil, mas talvez seja legal, se você souber apreciar a arte dela. a minha arte. isso não lhe parece excitante, ou ao menos convidável? espero que sim, ou este texto não faz sentido algum.

talvez eu escreva várias músicas felizes sobre o quanto você faz os sapos no meu estômago pularem, ou talvez eu escreva sobre como você me fez sofrer por muito tempo, talvez dez minutos, até eu encontrar algo mais divertido para me entreter. talvez você seja o tipo de pessoa que fica e talvez as coisas até deem certo entre nós! do jeito que não aconteceu com as últimas vinte e três pessoas. bem, eu não posso pedir para que tudo seja perfeito.

talvez em algum momento a gente se apaixone pelo momento, e pode ter certeza de que vou escrever sobre isso. vou dizer as coisas mais simples e as mais complicadas, talvez postar no meu *blog* ou guardar no meu caderno de memórias. nossa, eu escrevo em tantos lugares…

vai ter tanta coisa escrita no meu caderninho sobre você. talvez eu tente desenhar seus olhos, porque não sei se você sabe, mas estou treinando o meu desenho e talvez eu consiga desenhar o seu rosto inteiro! talvez demore um pouco, uns cinco anos, talvez, mas não é nada, não é?

espero escrever no seu coração também. e ah, principalmente escrever poesia no seu braço com caneta esferográfica azul no canto da cama às três da manhã. talvez eu pinte o céu nas suas costas, e eu te peça em namoro no meio do trânsito e você diga não por achar que eu sou mais do que você consegue lidar, ou só porque você não viu nada de muito especial no que eu escrevo. eu gosto de escrever sobre escrever. e eles chamam isso de uma palavra muito legal, metalinguagem. e isso me lembra um pouco sobre como eu quero enfiar minha língua na sua boca! wow, wow, calma, isso foi um pouco exagerado, acho que eu deveria parar por aqui.

de qualquer maneira, garoto dos olhos brilhantes — ou garota, eu ainda não tenho certeza — espero que onde você estiver, você me encontre e faça tudo o que eu escrever sobre você valer a pena. porque eu vou fazer valer.

meu cabelo é estranho

hoje eu me perguntei
o que havia de errado comigo
para ninguém me querer
não satisfeita
perguntei para o meu melhor amigo

ele disse que eu era estranha
e eu perguntei
"dá pra ver no jeito que sou por fora, do jeito que eu ajo?"
e ele apontou para tudo em mim
de cima pra baixo

ele disse que meu cabelo é estranho
mas eu nunca tinha reparado nisso

eu olhei para o espelho
e para mim aquilo sempre foi legal
mas às vezes para as pessoas
ser normal é ser igual
mas não tenho nada de muito diferente

eu olho para tantas garotas
e eu não sei dizer o que tem nelas
que falta em mim

talvez eu não tenha um corpo bonito
mas a intenção é ser infinito
dentro de um corpo limitado e pequeno

ao menos
eu ainda sei o que quero ser
só não sei
se é o que eles querem que eu seja.

mimada

eu sei que você prefere
meu lado que faz piadas e ri de tudo
sorri para o mundo,
não importa

você com certeza gosta mais
de mim quando eu não me preocupo
e quando eu não ajo
como se soubesse de tudo

quando eu estou dançando
ou sendo o mais estranha possível

mas existe um lado
o que você prefere menos
que acha que está sempre certo
e que ignora
e não liga
e não está nem aí

é mais fácil para você quando não sou ela?

que usa essa teimosia
para conseguir o que quer

talvez o mundo gire em torno de mim
só você não notou ainda
por isso detesto as pessoas

talvez se eu não agisse
como essa garotinha mimada
você gostasse mais de mim

mas tenha em mente
que eu faço isso de propósito
seu ódio me interessa muito mais
do que o seu amor

procura-se

eu sei que você está aí em algum lugar.

eu sei que um dia você vai chegar e vai mudar minha vida de um jeito tão incrível ou terrível que vai me fazer ficar.

eu não sei se eu já te conheci, se já falei contigo, ou se você sequer sabe meu nome. não sei se você me acha bonita ou se sabe meu endereço, não sei se já te vi antes ou se você já me viu. esta é uma carta para o amor da minha vida, e eu sei que não faço ideia de quem você é, mas eu quero que você faça ideia de quem eu sou.

não sei se você gosta da minha banda favorita ou se gosta de alguma banda que eu gosto. não sei se você tem cabelo loiro ou castanho, e não sei se você gosta de azeitona. eu não sei muita coisa sobre você. mas se estou escrevendo isso é porque estou apelando à escrita para que as pessoas saibam a falta que você me faz. eu já sinto saudades suas e eu nem sei quem você é.

eu sei que um dia a gente vai se esbarrar na rua, ou no bar, ou em uma cafeteria. eu sei que você com certeza vai me achar diferente. todos eles acharam, eu não podia pensar que com você seria diferente.

eu tenho te esperado desesperadamente, será que isso faz de mim uma tola? eu já tenho 19 anos e nunca tive um namorado, então não sei se estou atrasada ou se os outros estão adiantados.

eu espero que um dia eu possa olhar tão profundamente nos seus olhos e conseguir enxergar mais do que todo mundo vê. espero poder decorá-los em um ponto em que eu conseguiria contar todos os riscos e manchinhas que têm lá.

eu espero que um dia eu olhe para você e saiba instantaneamente que é você o dono desta carta. pensar algo do tipo "é ele" e nada mais. eu gosto tanto das palavras, mas imagino que eu ficaria muda ao observar o quanto você é bonito.

eu vou perceber uma hora, eu sei. talvez você estivesse aqui o tempo todo e eu que nunca parei para reparar, ou talvez você esteja tão longe que eu não consigo alcançar. talvez você esteja por perto e só passou despercebido, talvez você seja meu amigo. eu não consigo imaginar mais ninguém no mundo do jeito que eu imagino você.

você já teve tantos nomes — como arthur, para eu te chamar de art, ou bernardo, o nome que eu queria dar para o bebê da minha mãe, que era menina — talvez você se chame raphael, como aquele garoto que só eu via. talvez você se chame thiago e seja de são josé dos campos. ou talvez você seja que nem a minha irmã mais nova — todos esperavam por um menino, mas é uma garota.

esteja onde você estiver, saiba que estou te procurando e estou perdendo qualquer esperança de te encontrar. talvez você não seja um amor para a vida inteira — na verdade, eu não sei se quero isso. talvez a gente fique junto um ano ou dois, e logo depois eu entregue esta carta para o meu próximo amor.

mas vou esperar por você assim como eu consegui esperar tantas outras coisas na minha vida. e espero que um dia, quando eu souber quem você é, quando você me olhar nos olhos, que eu possa perguntar:

"por que você demorou tanto?"

eu estou ansiosa para ouvir a sua resposta.

cura

todos os dias eu espero
onde quer que ele esteja
dos meus males, os versos
e que ele seja

disseram
ele tem o poder de salvar
os que já não têm jeito
do modo mais raro
eu juro
é puro e perfeito

é claro
e eu vejo
modo de salvação
é remediação
remédio
e me tira do tédio toda vez

eu rio
e toda vez me desespero
espero
que ele não tenha notado
(ainda)

eu peço aos céus
prego peças no tempo
cada segundo é infinito
prende a respiração

implora por misericórdia
volta à superfície
sufoca e implora de novo
e eu que ainda achei
que você não existisse

eu rio de novo
no meio do choro
e é lindo; contudo
eu acredito ainda
que você seja tudo
desde a despedida
até a vinda

eu ainda quero
a minha mão na sua
e me sentir segura
no quarto e nas ruas
no meio das conversas,
das mais sujas e puras
todos os dias eu peço
que ele seja minha cura.

de outras vidas

quando eu te vi eu tive
a sensação de que eu já te vi
será que nós já nos encontramos
ou a primeira vez foi aqui?

eu tenho a sensação de que
te conheço de algum lugar
e eu tenho um pressentimento
de que você vai me salvar
mas ao mesmo tempo

não sei de nada

talvez nós tenhamos vindo
de outras vidas
de outras idas
e de outras vindas

talvez eu tenha ido no seu show

até porque você é guitarrista
daqueles que as pessoas se apaixonam
à primeira vista
e foi meio que de segunda
mesmo assim, isso não muda
o fato de que você parecia
o amor da minha vida
desde o primeiro dia

talvez nós tenhamos uma
conexão de outra vida
a minha sensação preferida
de ser uma cabecinha colorida
na plateia enquanto você tocava
todo de preto

eu sabia que eu te conhecia
de algum lugar
eu sabia naquele momento
que você viria
me salvar
mas ao mesmo tempo

eu não sabia de nada

eu só sei que você é tudo
desde o primeiro segundo
quando tudo começou
quando eu disse: "oi, tudo bem?
legal te ver aqui
eu estava no seu show"

indecifrável

eu, santa tola
e ele, inalcançável

eu me perco em você
do mesmo jeito que me perco em mim

e por que você?
é imensurável

de uma volúpia que me envolve
assim como me envolve com esse teu papo sujo
assim como me envolve com esse teu corpo nulo
inacreditável

o melhor é quando dá aquele teu sorriso
sorriso tolo
sorriso bobo, de quando conto piada
tua cara é impagável

e você me tem de modo inegável
assim como possui das joias mais raras
tu me tens, e eu aponto na tua cara
porque é engraçado e você tem que saber disso

você me diz que o melhor de tudo
é o teu medo obscuro
de me perder
mas amor, você sempre sabe como me vencer
dos modos mais puros
e dos modos mais sujos

eu consigo ouvir tua risada do oitavo andar
quando você chega com os teus sorrisos pagãos
e sua mente sã
que nunca combina com a minha

a arrumação que você fez
é realmente elogiável
não só no apartamento
mas em tudo o que você diz

não sei como consegue
é algo irreversível, irreparável
eu vou embora, você me segue
irresistível, indecifrável.

eu quero ser o amor da sua vida

eu quero te encontrar
em uma noite
de festa cheia
e corações vazios

nós dois quebrados por dentro
eu quero que você
se interesse por mim
como se eu fosse o seu destino

eu sou?

eu quero que os dias passem
e você continue
a rir das minhas piadas

eu quero que elas
te façam sorrir

eu quero que você
escolha ficar do meu lado
mesmo que eu não seja
a melhor opção

eu quero que você confesse seu amor
como se fosse seu maior segredo

eu quero que você me deseje
ardentemente
em suas noites solitárias

quero dançar com você
mesmo quando não houver música

eu quero que o tempo passe
e você continue achando que eu sou incrível —
mesmo que eu não seja

eu quero que você ainda olhe para mim
como no primeiro dia
das nossas mãos juntas
iluminados pela lua

eu quero te ter em meus braços
e saber que estou segura
e que não irei te perder

eu quero que você me ame
do jeito que eu te amo
e que nós possamos dizer
que valeu a pena
o tempo em que esperamos
para ficar juntos

por fim
eu quero ouvir da sua boca
o que você sente por mim
que seja árduo, ardente
que seja flamejante e incendiário
como o prólogo
da nossa combustão instantânea

quero ser o amor da sua vida
mesmo sem ter estado nela toda

e quero que um dia, mesmo se tudo acabar,
que eu tenha sido
a pessoa que você mais amou
e que nunca irá esquecer

diga meu nome de novo
e nós voltaremos ao começo

nós vamos contar nossa história
que vai ficar para a história

um romance sobre o quanto
é possível amar o fogo
mesmo quando ele está
queimando

o amor está em todo lugar

está nos seus olhos e no seu sorriso, nas flores e nas cores e em tudo que eu possa chamar de paraíso. é mais que incrível e mais que divino — é puro e perfeito e feito para mim. é mais que história de livro e roteiro de filme, é mais que realidade ou verdade, ou qualquer coisa que se possa falar ou escrever — é mais que só eu, somos eu e você. eu e você contra o mundo e contra todos, nós vamos viver as coisas mais extraordinárias sem sair de casa. é que conversar com você é meio que ir para o espaço, e deitar e te ver é como ver estrelas. e em todo lugar que vou sem você tem pedaços de você nele. nas lojas de jogos têm todos os que você gosta, e quando eu passo por vitrines as roupas vejo que ficariam tão bem no seu corpo. quando vejo o céu estrelado e a lua consigo lembrar do sentimento exato do dia em que a gente se conheceu. quando passo pela praia eu lembro de quando ficamos bêbados por lá, e agora que me deito na cama eu sinto seu toque mesmo que você não esteja aqui. esse quarto está cheio de você agora, e você nunca esteve aqui dentro. agora ouço as músicas que você me recomendou e todas elas falam sobre a gente — mesmo as que não falam sobre amor. tudo o que eu tenho em mente é que você é um presente e tudo me lembra de ti porque você é amor e o amor está em todo lugar. você está em todo lugar que eu vou.

o amor é uma grande queda

eu não acreditava em amor
até ser flechada por ele
eu achava que seria fácil
eu achava que seria lindo

e, bem,
não foi

eu não acreditava em amor
até vê-lo sustentado pelos próprios pés
todo o meu corpo se retesou em insegurança
eu caí que nem uma criança —

e eu queria mais

não bastava apenas
me jogar do abismo
rumo ao mar

eu precisava amar a queda
e a queda a me amar

é claro que o coração quebra
e ele quebra vezes demais

e eu queria mais

porque talvez o amor
não seja de todo ruim
também não é inteiramente bom
se você for um pouco insistente

e o tom das cores do céu
gritavam para que eu
aproveitasse meus últimos minutos
com um vento terrível
preenchendo todo o meu corpo

eu não acreditava em amor
só pensava que era uma grande merda
eu não acreditava em amor
mas o amor é uma grande queda

e até agora
não entendo
como não cheguei ao chão

talvez tenha feito
do seu coração
um lar

talvez tenha criado asas
corajosamente
para voar

e voar nunca me pareceu tão interessante
quanto naquele momento

afogada

o amor é uma queda
que resulta em afogamento

não importa o sentimento
sempre foi violento

porque eu sabia dos riscos
mas eu ignorei o perigo
e me entreguei

assim como um navio
sucumbe à tempestade

e não há o que fazer
pois eu acreditava que a corrente marítima
me levaria para a costa
mas ele só foi embora
e eu sobrei

naufragada em alto-mar

eu gritei enquanto me afogava
eu me debati e chorei
eu me entreguei à violência
de não ser a escolhida

eu tomei distância antes de pular
porque queria que minha queda valesse a pena

eu fui submersa pelo fim
não consegui voltar à superfície
e quando a tempestade acabou
eu, afogada —

finalmente consegui respirar

avassalador

eu nunca pensei que poderia existir um sentimento
tão profundo quanto profano

mas, você,
você me provou o contrário

porque às vezes
quando você não se encontra
alguém te encontra
por você

e essa sensação é mágica

entende como é
cair do céu
depois de dançar nas nuvens?

naquele dia eu sorri
o caminho de casa inteiro
dancei no meu quarto
e cantei no chuveiro

eu tinha acabado de te conhecer

e quando olho para as outras pessoas
as pessoas comuns, as pessoas cotidianas
os amores comuns, os amores cotidianos —

nós não somos nada disso

nós somos uma combustão espontânea
de um fogo que nunca se apaga
de uma estrela que nunca se apaga
de uma história que nunca vai terminar

eu e você
fomos um experimento perigoso
e de certo modo milagroso — porque deu certo

e agora eu confesso
que é um milhão de vezes melhor
do que eu imaginava

um milhão de vezes maior
profundo e profano

nós somos um casal, eu sei
mas também somos um milagre

e eu entendi quando ouvi aquela música que diz
"ninguém se sente assim do jeito que
eu me sinto por você agora"

nós somos uma dupla, eu sei
mas também somos um só

e nunca pensei que seria possível
amar tão intensamente — mas eu amei
e amo
e sempre irei amar

ninguém acredita quando eu digo
que foi culpa do destino — mas foi
e eu sempre soube

você era meu futuro
e eu te amava mesmo antes de te conhecer

injeto flores **77**

e tudo o que fizemos até chegar aqui
tudo isso
foi amor

o mais profundo
o mais profano

avassalador

um sentimento etéreo
mas ainda assim
tão humano

tudo o que eu não deveria sentir por você é amor

eu sei que é tolice imaginar um dia nós dois, mas ainda me pergunto: e se não for?

desde o princípio tenho pensado em quantas coisas temos em comum e em como o destino sabe brincar com as pessoas, e céus, eu imagino que ele gostou de te colocar em minha vida, desde o primeiro segundo.

posso ir a fundo e dizer que estou cansada disso, mas seria uma mentira completa. quanto mais gosto de você, mais gosto de gostar de você. e isso é um defeito. mas isso é perfeito.

sei que você está aí, a muitos quilômetros de mim. sei que para colocar um fim nisso eu deveria parar de olhar as tuas fotos, parar de imaginar nós dois nos encontrando no aeroporto, parar de pensar que, se um dia você me conhecer de verdade, você vai se apaixonar por mim. porque isso é uma mentira. simplesmente nunca vai acontecer. você não vai deixar acontecer. nem o destino. nem ninguém.

eu deveria me privar disso, mas o pior é que não consigo. quanto mais longe, maior é a vontade de te ver. e te ver assim, de longe, é tão bonito, que imagino o quão bonito seria se eu estivesse vendo você de perto. na verdade, você me invadiu, decidiu que meu coração seria o lugar exato para sua diversão, e não me deu nenhuma direção para seguir, para te encontrar.

eu deveria me privar disso, mas eu sou tão fraca. tudo o que eu não deveria sentir por você é amor, mas amor é tudo o que eu sinto por você.

injeto flores **79**

permissão

eu posso
chorar?

nos seus braços
até enlouquecer?

posso contar meus segredos
por mais obscuros que sejam?

posso te pedir para que
não durma
por causa da insônia?

posso me sentir segura
quando estou do teu lado?

posso eu
me despir
e fazer com que
eu seja a única coisa
que você vê?

eu não quero ter que
ter medo de te perder

eu não sou nem mesmo
mulher
o suficiente

então
por quê?

por que você se apaixonou por mim?

eu posso
pensar
no futuro
como nosso?

posso te escrever poemas
e te contar minhas histórias?

por favor,
eu imploro

não vá embora

eu ainda quero conseguir
me manter firme na sua frente

não desista de mim

eu preciso entender
por quê você ainda está aqui

não me deixe ir

eu não vou deixar
que você vá também

eu estou esperando
que você me veja

eu ainda quero conseguir
que você nunca
tire os olhos de mim

imaculada

venha até mim
e acabe com a pureza da minha alma

se você quis um anjo
fez de mim seu pecado

e não existe reza
que perdoe minha impureza

como você se sente em saber
que você maculou o que havia de divino em mim?

você é o inferno
mas é meu paraíso

e como você se sente em saber
que me atirou do céu
e me fez viver
de prazeres mundanos?

você diz:
"meu bem,
é isso que os demônios
fazem com os anjos"

o vazio no quarto

existe um vazio
na minha cama de solteiro
que se espalha
pelo quarto inteiro

você não está

e todos os centímetros do meu corpo
pedem você

e você não está

tem muito de você no meu quarto
os presentes dados
as roupas de lado
o cheiro espalhado

e você não está

eu peço
para o vazio não preencher

e você não está

eu rezo
para a memória não perecer

e você não está

mas eu estou

e eu não consigo aguentar

mate as flores

estou te dando a permissão de fazer o que quiser comigo, desde que faça algo. que seja no imperativo, eu não ligo. faça de mim o que quiser.

se for para quebrar meu coração, que seja agora. que arda e que doa. eu sei que a qualquer momento você fará isso de qualquer jeito, e eu preciso sentir algo antes que se esvazie. se for do seu feitio, use a faca que está na sua mão. eu duvido que consiga me ferir sem hesitar, mas, se fizer, eu não me importo. ao menos terá feito alguma coisa.

será que você ainda não percebeu que você me tem? quando você estava lá, eu também. o tempo todo, meu bem. e eu pedi que traduzisse nos olhares e entendesse o que venho tentando te dizer: pode me ferir se for me fazer sentir algo. toma-me pelo corpo e suga-me a alma, se for do seu feitio. me faça sorrir e me faça chorar, se o fizer para me divertir. acabe o cigarro na metade, induza seus vícios a me perseguirem, engula e esconda os remédios. regue-as, e então mate as flores. me faça por bem ou por mal, mas me faça direito.

o escritor

não se vanglorie do fato de eu já ter escrito sobre você, porque de tudo esta é a única coisa minha que você vai ter. e eu sei que deve ser difícil — tentar escrever e só conseguir pensar em alguém, aquela pessoa sobre quem você sempre escreve.

***

quando você senta, escritor, senta na escrivaninha e liga o computador —é sobre o meu nome que você pensa. quando você deita, escritor, para escrever — é do meu rosto que você se lembra. é impossível pensar em escrever sem pensar em mim, não é? se você prefere ser autobiográfico, você desabafa sobre nossa história. se você tenta rimar, escritor, em um poema, eu sou seus sinônimos e antônimos. se você tenta ficção, eu sou sua protagonista imperfeita. e você aceita, porque tirar palavras da minha boca é incrivelmente mais fácil do que me tirar da sua cabeça, escritor. você sempre soube que eu escrevo melhor do que você.

é terrível resumir suas histórias com uma pessoa real — todos os seus poemas são líricos, todos os seus livros são romances, todas as suas cartas são de amor. e você, escritor, você escreve. é o que te faz bem, mas o que mais te faz mal também. você se lembra de mim, você tenta escrever como eu, você tenta me invocar com versos e me materializar com as palavras que sempre digo. você lembra de cada detalhe dos textos porque você os leu, releu e releu novamente. você se perde em palavras quando elas me descrevem. você vaga tentando criar um personagem que não seja parecido comigo. mas você não consegue, escritor, porque eu sou seu maior vício de linguagem.

vai haver um dia em que não haverá palavras que você possa tirar da minha boca. você não vai superar facilmente, como um final triste de uma história. o problema das histórias é que todas têm fim, e você desconhece o começo. vai haver um dia em que palavras não serão suficientes para superar um silêncio tão ensurdecedor quanto o meu; e eu terei ido, escritor, porque ir embora é tudo o que eu sei fazer.

mas não se preocupe — você encontrará a quem dedicar todas as suas obras. eu vou embora e outras pessoas poderão mudar sua vida — ou sua escrita; porque, para um escritor, não ter sobre o que escrever e não ter para quem escrever sobre é um pesadelo, e escritores são sempre muito sonhadores.

não se preocupe, escritor, a inspiração virá de outras fontes. quando seus pensamentos pousarem em distantes montanhas e quando suas cartas não forem enviadas para o meu endereço, é isso: você terá me superado. e então mais nenhum dos seus textos sobre mim terá sentido, porque serei, para você, apenas um final infeliz. se hoje seu tormento é não conseguir escrever nada que não te lembre de mim, não se preocupe, eu entendo. e eu sei disso muito bem.

até porque eu sou uma escritora também.

flores murcham

se eu fosse uma flor
acho que iria murchar facilmente
despedaçar lentamente
só que por acidente

talvez a água me falte
talvez ela seja demais
não sei se existe um raio de sol
forte o suficiente para me curar

talvez eu seja uma flor no escuro
e isso não é seguro — pelo menos eu acho que não

mas tenho certeza
de que nunca seria fácil
cuidar dela

se eu fosse uma flor
teria espinhos
mas seriam espinhos que me machucam —
eu não sei machucar outras pessoas além de mim

se eu fosse uma flor
não seria bonita ou cheirosa
não seria margarida ou rosa
eu não sei que tipo de flor eu seria

isso é porque também não sei quem eu sou

e murcharia

com o vento
o tempo
o momento

facilmente
lentamente
dolorosamente
por acidente

mas algo me conforta:

se eu fosse uma flor
talvez fosse uma flor melhor
do que uma humana morta

vamos nos tornar as flores

ela tinha espinhos
em lugares que as pessoas não viam

era tão bonita
mas tão violenta

ela era uma rosa
florindo no inverno
mas agora está murcha

não existe chuva
que a regue

então ela tenta mostrar
o que há de melhor em si
e nunca consegue

era tão delicada
mas tão frágil

e os seus espinhos
sempre a perfuravam
ela sempre se machucava

ela era intensa
mas tão densa

não há mais vida no jardim

nós vamos nos tornar as flores

essa é a lição que tiramos
de uma garota-flor despedaçada

em um dia ela tinha tudo
ela acabou com tudo e não sobrou nada

porque ela sempre foi tão incrível…
mas tão vazia

eu quero as flores

uma vez eu disse
e deixei claro
de que não gostava
de ganhar flores de presente

até porque
qual era o sentido de carregar futuras mortes
em um buquê?

que elas permaneçam no jardim
que permaneçam vivas
que pessoas fossem até elas

que eu pudesse ir também

mas agora
que você foi embora
talvez as flores
não fossem tão ruins assim

eu costumava acreditar
que precisava salvá-las
que você poderia me dar de tudo
eu acreditei que fôssemos tudo

e não somos mais

e eu queria ter coragem de te suplicar
por favor, eu quero as flores
eu preciso delas
como você costumava precisar de mim

mas agora
que não somos mais tudo
talvez as flores possam me dizer
o que foi que fizemos
de errado

e agora
que você foi embora
é difícil não pensar que as
flores mortas
pudessem ter nos trazido
de volta à vida

superação

o cigarro apagou
as cortinas se fecharam
o café esfriou
o livro está na sua última página

a memória se esvaiu
a luz apagou
a chama se esvaeceu
desceu do rosto a última lágrima

o que era para acontecer
aconteceu
o mundo acabou?
a cabeça girou
não tem mais pulso, morreu

não é o fim do mundo, meu bem, é o fim de nós dois
nós dois
depois
após

o coração parou?
a vida parou?
as coisas não fazem mais sentido?

eu me vejo viva
e eu me vejo bem
sem mais coração partido

e agora vai para o fundo do oceano
sem mais você e eu
esquecimento
a estrela apaga
o som afaga
nós vivemos de um momento

e o suspiro final te prende
mas ninguém mais compreende
liberta em mim enfim

presta atenção agora
depois que foi embora
bem-vindo ao som do nosso fim.

de manhã

e então eu me levantei
tomei duas xícaras de café
me olhei no espelho
lavei o rosto
achei um cigarro perdido no maço
saí e vi que o dia estava lindo
encontrei uma flor no chão
observei o sol
sentei e fiquei balançando as pernas
fumei
coloquei a flor no cabelo
e percebi
(talvez decidi)
que aquilo era perfeito
e que as coisas ficam bem
depois de terem ido mal
e que talvez haja alguma esperança nisso tudo
eu notei
que aquilo era tão bonito que me dava vontade de chorar
e eu realizei
que talvez eu só precise
amanhecer.

amor ou insânia

e pensar que no final de tudo
eu beirei à insanidade
construída não pelo comum
delírio, luxúria, falta de fé em verdade

o fato é que
você me dá vontade de gritar

e eu gostaria de pensar
que todo mundo que ama é louco
sendo assim sou completamente maluca
porque eu te amo, e não é pouco

apaixonar-se
cria em si
metástase
começa no coração
então do cérebro passa para as mãos
que insistem em tocar
que nem violão
só que dessa vez
os sons são pura…
alucinação?
loucura
e enquanto não se fundem
tortura.

e seria mais que justo sussurrar
(mesmo que eu queira muito gritar)
de um jeito que te faça entender
eu
quero
você

porque você,
no mais simples toque
no mais belo acorde
me tem nas mãos
as mesmas mãos
que percorrem meu corpo
em busca de salvação.

nós somos as flores

toda criatura viva
irá morrer um dia

todos irão conhecer a morte porque
é assim que funciona a vida

e às vezes me estranha quando as pessoas perguntam
"por que fazer isso, se vamos todos morrer?"

e eu não sabia bem o que dizer

às vezes você está morto
enquanto ainda está vivo

se ninguém te rega
e o sol não nasce
se não existe razão para florir
então você não brota
e ninguém nota
e essa é a maior razão para que você
continue onde está

às vezes você está morto
enquanto ainda está vivo

porque talvez não exista um motivo
você não mostra cores, não tem cheiro
você não se sente metade nem inteiro
você se sente nada

você se sente morto
enquanto ainda está vivo?

às vezes eu acho
que nem sobrevivo

as pessoas te cortam
e você só aceita
e não pode fazer nada

nós somos as flores
mas você não pode morrer
só por estar morrendo

a morte não anula a vida

então às vezes você precisa saber
por que precisa continuar vivendo

por que fazer isso, se vamos todos morrer?

e eu posso dizer
por mais que não rime
que antes de morrer
você vive.

OS VÍCIOS

as flores morreram e eu sobrevivi.

não existe para sempre porque tudo acaba. nem tudo são flores, e o amor pode se tornar tão espinhento quanto. depois que as coisas dão errado, finalmente chega o momento: você injeta flores e esse é seu maior vício. vou te contar o que tem depois disso.

para sustentar a falta dele, você bebe um drink e traga um cigarro. tudo parece bem quando ainda está de madrugada, mas na manhã seguinte você só tem copos vazios, cinzeiros cheios e uma terrível ressaca. você se entorpece para esquecer e acabar tendo que lembrar de tudo outra vez. por mais que seja viciante, os vícios são destrutivos. você não vai esquecer sua falta de amor para sempre, porque a lembrança vai te assustar depois de tudo.

os vícios irão continuar a te fazer mal e você irá se apaixonar por eles. você comete erros, fica ébrio e então sóbrio. você acreditará que a dor é bonita, mas não é. que os vícios são sua salvação, mas não são. você vai se arrepender quando não tiver mais nada nem ninguém. você romantizou os vícios e eles acabaram contigo. no final, você vai perceber que nada adiantou. e sabe por quê?

o maior vício que existe é o amor.

injeção

não tenho palavras suficientes para ontem à noite
só não posso dizer que te amo
é claro, se não me engano

nós corremos pelo viaduto
passamos todos os sinais
é claro, não poderia querer mais

eu infringi todas as minhas leis
tudo que eu achava certo
com você era incerto

suas propostas eram sedutoras
mas posso te dizer claramente
só injeto se forem flores

vícios

você nunca sorri em fotos — saiba que eu te odeio por isso
e eu me perdi nos seus olhos

você tem tudo o que você quer
e tudo o que eu quero é você

você diz que seu vício é bebida
e eu te digo que meu vício é cigarro
mas, na verdade, meu vício é você

e eu tenho visto beleza em nós dois
talvez depois seja o tempo certo, eu não sei
só sei que por sua causa estou caindo
e o abismo que está nos seus olhos
é minha libertação

o cigarro é meu eu-lírico

eu sou como um cigarro
tudo em mim é cinza
e por mais que o gosto seja horrível
às vezes vicia
se acesa, é doença
se apagada, uma metáfora
mas tem algo de muito complexo sobre
por mais que nunca te leve a nada;
muitos não ousariam tentar
porque te mata por dentro
mas tem gente que sabe que vamos todos morrer
então experimentam a morte entre seus lábios;
é incrivelmente bonito saber
que você vai morrer na minha mão
o cheiro impregna e não sai
e por mais devastador que seja
te atrai
e tragar talvez te faça se sentir grande
ou só tonto
se tentar ir até o final te queima
mas se não tentar, é um desperdício
então todo mundo tenta ir até o fim
você me disse que cigarro era seu vício
mas, na verdade, seu vício era em mim.

o poema do último cigarro

não quero que acabe —mas tudo acaba
não quero que escape — mas quer aventura
não quero que apague—mas chama apaga
não quero que morra—mas nada dura

eu espero até o momento certo
para fazer o maço acabar
ele se vai, tudo fica vazio
mas o cheiro continua lá

eu penso, "até quando?"
eu nem sou viciada
só espero que da próxima vez ele dure mais

assim como nós
dele só ficam as cinzas
o vento leva porque é leve
mas pesado nos pulmões ele fica
e ficar
é o que todos esperam.

cigarro não é poesia

"você fica bonita quando fuma, é poético", disseram. eu acreditei.

não era pela estética, nem pelo prazer estranho da nicotina. não porque combinava com as roupas, com a cara bêbada e o álcool nas veias. sempre foi mais do que isso. mas os motivos? nunca são bonitos.

eu nunca soube dizer se era só sobre a fumaça, que, lançada no ar, me entorpecia, ou se a sensação de ser errada era a resposta certa. talvez eu imaginasse que era bonita a visão de me ver tragando lentamente, olhando para o nada e pensando em tudo, soltando o ar pelo nariz, às vezes rindo e tossindo, às vezes mais séria do que o comum. não sei dizer se esperava que se as pessoas olhassem para mim enquanto fumava, talvez elas quisessem provar o cigarro dos meus próprios lábios, tirá-lo do lugar entre os meus dedos em que ele ficava. mesmo quando acontecia, no final da noite eu estava completamente sozinha. éramos só eu e as bitucas.

eu nunca me viciei e seria loucura admitir que eu queria, mas eu deixava que um vício fosse sobreposto por outro, meus outros vícios. a dor e os olhos que brilhavam. as lágrimas e os sorrisos que não existiam mais. eu queria esquecer. se eu pudesse esquecer, não me importava a fumaça fazendo caminho até os pulmões.

era divertido ser vazia enquanto não estava sozinha, mas quando solitária, não me restava nada além da dor. apaziguar a dor com um vício é se matar tentando não morrer, tentar fingir que nada aconteceu e se deparar consigo mesmo de manhã, no espelho. os cigarros apagam e os copos ficam vazios, mas nenhum dos traumas vai embora. por mais que me afogue com o sentimento de que consigo respirar, a superfície sempre me resgata para uma realidade que diz que nada disso funciona quando você está sóbrio. nada funciona quando você está sóbrio, e é por isso que se entorpecer o tempo todo torna-se uma opção.

eram bonitos a fumaça e o cigarro preto, as roupas pretas e as pessoas por perto. eram bonitos os lábios rosados e a marca da maquiagem que prensava o filtro; que esses lábios passavam por copos e bocas; e o tabaco, e continuavam sorrindo porque não entendiam quase nada do que acontecia, mas a tendência era descobrir enquanto amanhecia. e isso não era nada bonito.

o cigarro vai nos manter quentes

nós estávamos pegando fogo
naquele fim de semana
tudo o que queríamos era o perigo —
de estar vivo

porque, afinal
você só vive uma vez

então para que
evitar arrependimentos?

todos nós passamos dos limites
e para falar a verdade
isso nunca foi ruim

eu queria um dia como se fosse o último

nós nos aventuramos pela cidade
imploramos por mais
porque quando se é jovem
nada é o suficiente

bêbados demais para pensar direito
sóbrios demais para arrependimentos

eu lembro que eles
acabaram com meu maço

mas é esse tipo de lembrança
que faz as coisas valerem a pena

bêbados demais para contrariar desejos
sóbrios demais para esquecer dos beijos

nós estamos vivos e é o que importa
enquanto houver bebida e cigarro
ninguém vai fazer o caminho de volta

porque a bebida vai enlouquecer a gente
e o cigarro vai nos manter quentes

às vezes eu sinto falta de um cigarro

eu parei de fumar já faz dois meses
e este é meu registro mais concreto disso
eu não sentia a falta até sentir o cheiro

eu sabia que viciava e usei mesmo assim
eu sabia que iria me destruir e ignorei a ideia
eu acreditava que eu poderia ter autocontrole
mas corpos estão sempre submetidos ao desequilíbrio

como faz mal querer
algo que te faz mal sem querer

não era meu objetivo acabar comigo

às vezes eu sinto falta deles
de como eu me sentia
e eu acreditei que precisava disso

eu não precisava?

então por que eu preciso agora?

como é possível gostar daquilo que te faz mal
mesmo que seja aquilo que te conforta?
eu não sei qual o meu problema, afinal
às vezes acho que só sou idiota

mas quantas vezes eu quis pessoas
que só me arruinavam?
quantas vezes eu bebi doses
que me enjoavam?

quantas vezes eu me machuquei
acreditando que era alívio?
e quantas vezes eu me automediquei
por causa dos meus medos terríveis?

como é possível
achar que o conforto da ruína
vai te salvar?

é um modo de escape
quando não há como escapar
e só te prende mais

nunca foi um caminho
para o esquecimento
mas sim uma porta
para o confinamento

e o que acontece depois disso
é o que ninguém viu

mas já notei que não é incomum
sentir falta
daquilo que te destruiu

apagados

você me dava cigarros
porque achava que eu ficava bonita fumando

você me deu adeus
antes que a chama se apagasse

uma madrugada quente e úmida
embalando cenas incríveis
quando estávamos com nossos amigos

os olhares se voltavam para mim às vezes
e você dizia que era comum

você costumava gostar
do roxo no meu cabelo

e as ruas vazias se enchiam de risadas
nós éramos adolescentes e tudo era desse jeito —
inconsequente

e as ruas vazias preenchiam o calor dos meus pulmões

toda a bebida
todas as drogas
de que valeram elas?

as luzes da cidade me cegavam
mas eu preferia as estrelas

e, enquanto a sobriedade vinha à tona,

você foi embora

você foi embora
e eu fiquei sóbria

e enquanto amanhecia
a chama se apagava
e nada mais sobrava

nada
além de cinzas

filosofias de boteco

meu trabalho é escrever
sobre filosofias de boteco

coisas que você provavelmente não vai pensar
na segunda-feira quando estiver indo para o trabalho

é o que você vai pensar
olhando pela janela do carro
no meio de uma viagem

o que você vai pensar
quando observar pessoas
que você não compreende

é o que você vai questionar
quando não tiver mais sobre o que se
questionar — e isso nunca vai acontecer

eu escrevo sobre pensamentos cotidianos
que vão ser importantes um dia
eu vou escrever perguntas sem respostas
que vão virar filosofia
eu vou escrever sobre perguntas que outras
pessoas já se fizeram alguma vez
vou escrever sobre questões que um dia,
alguém, no futuro, vai responder

mas não eu

não quero responder perguntas
eu quero criar dúvidas
eu quero contribuir com o caos

meu trabalho não é responder nada
não é completar a frase
nem ao menos apagar
os pontos de interrogação

eu quero fazer você se questionar
e se questionar sobre se questionar

será que alguém realmente sabe
o que está fazendo da própria vida?
o que realmente importa?
a pergunta
ou a resposta?

quando você entender a importância
das filosofias cotidianas de boteco
vai querer começar a beber também

quando você entender que não pode responder perguntas
e que talvez isso não seja ruim
você não vai querer encontrar soluções
de imediato

quando você entender o motivo pelo qual
eu faço tantas perguntas
talvez você comece a perguntar-se
por que ainda não começou a fazer o mesmo

eu não estou aqui para responder perguntas
eu estou aqui para te fazer questionar
te fazer refletir
e te fazer pensar

quando você perceber
que o pensamento é o que importa
e que as perguntas não existem só para encontrar respostas
você vai ver

isso vai mudar tudo

recaída

agora eu tenho vontade
de fumar todos os cigarros do mundo
mas algo me diz "não, meu bem,
isso ainda não é tudo"

de que outro jeito posso eu descontar
a minha tristeza
senão em vícios?

rodar pelos bares da cidade
buscando conforto
encontrando whisky e vinho

já era hora de me abster
da abstinência

mas só consigo pensar em beber
até não poder levantar mais

aqui vai o problema disso:
nunca vai me curar de verdade, não é?
a ressaca de manhã
vai me colocar de pé

e a vida vai continuar do mesmo jeito

se eu pudesse engolir a melancolia
junto do álcool
e soprar essa merda
junto do tabaco
aí sim, talvez teria um pouco de paz

de nada adianta mais

acho que estou retrocedendo
do meu progresso

mas que merda,
me vê dois soltos
e mais uma dose

injetável

eu estou quase acreditando
nos meus vícios

até porque
sinto que eles sempre me amaram

é uma recaída,
eu acredito

mas estou quase certa
de que amor é injetável

e o que me fez pensar isso?
talvez eu só esteja muito bêbada agora
mas a bebida nunca me abandonou por imprevistos
e todos que diziam me amar foram embora

e eu fiquei
e doeu

então,
qual é a da esperança
de que as coisas melhorem?

eu acabei me embebedando
no seu amor
e acabou

hoje eu só tenho o álcool
e ele tem a mim

assim como você me teve
e me perdeu

e eu fiquei
e doeu

eu estou quase acreditando
nos meus vícios

ou só estou muito entorpecida
porque eles me amaram

jogar a garrafa fora
seria desperdício

mas eu tenho certeza
de que amor é injetável

o amor me obriga a beber

você arrumou uma bela bagunça, não foi? você não organizou, para falar a verdade. você só chegou. você chegou pendurando seu casaco e tirando seus sapatos, você chegou acendendo meus cigarros e ligando a televisão. você chegou assim dentro do meu coração. e como é de costume seu, quando vê algo bagunçado, você só trata de bagunçar mais, por que quem liga para arrumação, não é?

só mais uma dose.

você me inventou um apelido tolo e eu te chamei pelo nome do meio que você odeia. você queimou os biscoitos e me deu sua mão quando eu estava prestes a chorar. você bagunçou meu cabelo, você bagunçou o meu armário, bagunçou minha casa, meu quarto, minha vida toda.

só mais uma dose.

você fez todas as músicas tristes serem sobre você. todas as que eu escrevi e todas as que eu não escrevi. você fez sentir sua falta ser o pior sentimento do mundo. você fez a sua chegada ser o melhor sentimento do mundo. você fez o seu abraço ser o meu lugar no mundo.

só. mais. uma. dose.

você fez a praia ser mais legal à noite. você fez meus tremores serem constantes. você fez as olheiras nos meus olhos ficarem maiores. você fez com que chorar sentada no chão do banheiro fosse rotina. você fez com que fosse comum ter você por perto, e foi embora. e com o tempo, você fez com que eu me acostumasse com a sua ausência. quer dizer, me acostumar até ouvir as músicas que me lembram você.

só mais uma dose!

você causou subida de maré, e o mar agora está de ressaca. você causou disparo no coração, e agora eu estou tendo um ataque. você fez minhas mãos tremerem, e agora eu só sei ter convulsões. você apareceu nos meus sonhos, e agora todos são pesadelos. você era minha droga, e eu só sinto abstinência.

eu não estaria *sentsda* na mesa desse bar agora se *nao* fosse por você. esperando você entrar com a sua banda e dedicar uma música para mim, porque de *acoedo* com seu discurso, eu sou (ou era; *unica.*

só masi uma dose?

eu pude ver o seu *fantdsma* sentando no chão da cozinha, um *reflexp* da primeira vez que você disse que me amava. você insistia em me *embebesar* porque queria o mesmo nível de sobriedade. você notou *qwe* quando eu estava bêbada, eu falava a *verdadr.*

so mais ums does?

eu *nso enxoerfo* mais nada porque tudo é *voxe.* e o *mundod ta* girando *tao rapiso* que eu *mso* consigo contar as voltas. *voce* me *obrihgou* a fazer isso, meu bem. eu queria *voce* no mesmo *nivwl* de sobriedade que eu.

eu nem sei mais por quw eu to fazedno isso.

eles me queriam bêbada

eles me queriam bêbada
como se aquilo tudo fosse uma brincadeira
eu era o brinquedo

eles me queriam bêbada
porque desse jeito era mais fácil
ficar perto de mim

eles me queriam bêbada
para assumir segredos deles
que nem eram os meus

eles me queriam bêbada
porque é divertido ficar bêbada
e eu ficava divertida

eles não me queriam sóbria
porque sóbria eu poderia me defender

eles não me queriam sóbria
afinal, nunca tem graça sair à noite
e não se arrepender do que fez

eles me queriam bêbada
para eles parecia ser bonito

eles me queriam bêbada
mas não me queriam livre

eles queriam que eu fosse

a garota dos sonhos deles

eles queriam que eu fosse
vulnerável e acessível

eles me queriam bêbada — sim, eles me queriam bêbada

e eu só queria
mais uma dose

bêbada

eu gostava de quando as pessoas me queriam bêbada, porque uma garota bonita sempre tem que ser vulnerável, agir como se tivesse enlouquecido e satisfazer os olhares de pessoas perigosas — sem se importar com nada além de quem irá pagar sua próxima dose.

as pessoas em volta têm curiosidade, então te querem pelo mistério. não era muito difícil fazer as pessoas se apaixonarem por mim, era só entrar na personagem. eu sabia exatamente o que eles queriam. eles não faziam ideia do que eu queria, e eu estava sempre bêbada demais para entender.

troquei um beijo por uma dose de tequila e ele não me deixou tomar antes; ele não queria o gosto do limão da minha boca. eu o enganei, não deixei que fosse mais que lábios se tocando. se as pessoas te pagam bebidas é porque te querem bêbada, e isso era divertido. eu não precisaria ficar sóbria nunca mais; não enquanto me embebedassem o suficiente para chegarem minimamente perto de uma chance de me levar para casa.

eu acreditava que viver de verdade era daquele jeito. sábados à noite eram divertidos quando as pessoas me queriam por perto; por um egoísta interesse em mim, em saber quem eu era. nunca me mostrei de verdade para eles. não existia nem uma brecha para a pessoa que eu escondia, e o mais irônico de tudo isso é que ninguém queria saber. ninguém nunca quis.

então eles me ofereciam mais uma dose.

amar dói como um soco no estômago

não dá para concordar
em dizer
que o amor é lindo

na maior parte das vezes
amor parece
nada bem-vindo

as pessoas dizem
que amor de verdade
não deveria machucar

mas machuca demais

é caos e nunca
paz

então a garganta queima
os olhos se afogam
e meus lábios rogam
"me deixe sozinha"

não existe felizes para sempre
se tudo acaba

se eu não sair machucada
sou eu quem vai machucar

talvez todos nós nocauteados
é como deveria terminar?

mas qual seria a graça
de uma rosa sem espinhos?

ainda assim as pessoas procuram por amor
para não permanecerem sozinhos

então não me diga aqui e agora
que amor não dói
porque eu só soube que amei de verdade
depois que eu senti a dor

talvez não exista cura para o amor
mas eu sei que dói como um soco no estômago

nem sempre são borboletas

às vezes são as rosas

destruidora

eu fui a pior
escolha da sua vida

você me tinha inteira
e agora repartida

eu vou te destruir
assim como fiz comigo mesma

tomem cuidado
com as garotas em pedaços

eu me despedacei
e acreditei que pudesse voltar
a ser inteira

ao invés disso
acabei te quebrando
te levando
junto comigo
para o abismo

nós somos uma queda que nunca tem fim
nós somos um sonho que nunca se realiza
eu te destruo, você me conserta
eu fui a pior escolha da sua vida

você resiste ao invés de desistir
você me ama ao invés de me odiar
você ainda tem pureza na alma

e eu não sou digna de amor nenhum

se eu pudesse
me afogaria no seu amor
mas isso significaria
que você teria que se afogar também

e não posso deixar que isso aconteça

quando você não aguentar mais,
vou lhe dizer:
"por favor, me esqueça"
e eu tenho certeza de que você irá
conseguir ser feliz de novo

estocolmo

eu não sei deixar
de amar as pessoas
assim como minha mãe
fez com meu pai

eu sigo me machucando
pelo bem dos outros
às vezes é muito cedo
às vezes é tarde demais

eu não sei esquecer
dos meus próprios erros
mas esqueço de tudo
que erraram em mim

eu não sei
ser uma pessoa justa
não sei se é bom
não sei se é ruim

eu não sei perdoar
mas também não consigo
viver com a culpa
de terem errado comigo

não sei ser firme
nas minhas escolhas

não sei ser sincera
quando vai ferir alguém

não sei deixar de me culpar
por coisas que não são minha culpa

não sei fazer
o melhor para mim

e eu estou cansada de não saber

porque talvez
isso tenha me impedido
de viver

eu bebi para te esquecer

eu bebi para te esquecer
e isso nunca foi bonito
só idiotas fazem isso
e nem tem sentido

às vezes eu tenho vontade
de me afogar em vinho
me arrastar pela cidade
deitar no meio da rua
entreter desconhecidos e ir embora
de todos os lugares possíveis

se isso fizer com que eu te esqueça
eu não ligo
mas nunca foi bonito
só idiotas fazem isso
e nem tem sentido

não existe motivo
mas eu ainda insisto
não importa se é de uma cor bonita
ou se o gosto é horrível
eu sempre odiei vodca
whisky é forte demais

mas eu morreria se fosse me fazer ter paz

talvez eu precise
fazer sacrifícios

mas acabar com o meu fígado
só vai acabar comigo

e a verdade é que
nem todas as drogas do mundo
irão aliviar tua dor profunda

não sei quem disse
que beber
iria me fazer esquecer
eu esqueço quando fico tonta
e lembro no dia seguinte

eu odeio ressaca de você
às vezes penso em mandar mensagens
mas é só o álcool da minha cabeça
falando mais alto do que eu

não sei quem disse
que beber
me tornaria legal
porque me olhando assim,
largada
na calçada

eu só pareço
uma imbecil
que tentou se sustentar com vícios

mas nunca foi bonito
e nunca fez sentido

ausência

o vazio
tem sido
pesado demais

vai
ficar
tudo bem?

eu não
acredito
em ninguém

tem
um espaço
faltando

eu
esperava
que fosse você

mas eu nunca pensei
que amar
doeria tanto

pretérito mais-que-perfeito

me leve de volta
para a noite em que nos conhecemos

me faça desconhecer
aquilo que nós já sabemos

eu quero saborear de novo
o momento no tempo
em que paramos

eu quero voltar para o começo
refazer tudo
e tentar enganar o destino

eu quero tentar de novo
e quero acertar dessa vez

mas talvez eu só queira
reviver nosso passado
fingindo que nada deu errado

talvez isso faça eu me sentir melhor

se eu pudesse voltar
se eu pudesse fazer o certo
se eu pudesse começar de novo —
mas eu não posso

me faça voltar para o começo

assim poderemos fingir
que nunca houve um fim

você só me ama porque eu ainda não te destruí

você acredita que eu te conforto, que te afago, que te aqueço. você pensa que eu te faço bem ao te encobrir com amnésia, te dopar com entorpecimento, te levar daqui. eu te faço bem? por quanto tempo? até você ficar sóbrio novamente?

usar-me é o modo mais barato de se autodestruir. você sabe que depois da primeira vez, sempre piora. quanto mais você me usa, mais quer me usar. mas eu não sou só um tipo de droga, meu bem...

você sabe que quando eu vou embora, você entra em abstinência. e a minha falta te mata, não é? por que você ainda não me largou? você sabe que eu só mudo as pessoas, então as deixo. não me surpreende que você acreditasse que, com você, seria tudo diferente. você se viciou do mesmo modo que todos os outros, e sabe o quão difícil é me largar. não por eu ser boa, não por me amar, mas por acreditar que sou a única que te salva.

eu não sou sua salvação, sou só seu brinquedo. eu vou te divertir à noite, te desinibir. irei te fazer esquecer de tudo, mas isso não vai te poupar de lembrar de manhã. pode ser que eu seja seu ópio; mas de manhã, eu serei sua ressaca.

meu abraço é uma prisão. meu beijo tem gosto amargo e você me bebe mesmo assim. eu não sou bonita por dentro e você me admira, você fala de mim para todos os seus amigos. você sabia que eles me usaram também? os mesmos que te disseram que, comigo, nada teria volta. você disse que era só uma vez, e agora você rouba coisas da sua própria casa para me ter em seus braços de novo. é claro que eu me sinto bem em ser tão importante assim, mas eu sei que você só me ama porque eu ainda não te machuquei. você só me ama porque eu ainda não te destruí.

você acha bonito que minhas fotos estejam espalhadas por aí. com muitas cores, muitas pessoas, todas me usando ao mesmo tempo. você sabia que a minha libertação é o seu confinamento? você gosta de me exibir aos outros, eu sei. minhas curvas de álcool e dedos de tabaco e nicotina. minha pele branca empoeirada. os cristais azuis dos meus olhos. o rosto feito de seda. a fumaça que sai da minha boca. o quebra-cabeças colorido da minha mente. você acha tudo isso bonito, divertido. mas eu não.

no final, eu terei te domado por inteiro. eu vejo teus olhos vermelhos sedentos e as mãos trêmulas que pedem nada gentilmente por mais, mas você não pode me ter o tempo todo. eu carrego um preço alto, e quando não sobrar mais nada que eu possa tirar de você, eu vou embora. o que você achava tão legal em mim, o status de me ter ao seu lado, as fotos tiradas espalhadas por aí; a pose legal perante seus amigos; o efeito que te causo; as memórias que te roubo; a sanidade que te resta; a sobriedade que levo; o dinheiro, e seu peso, e seu rosto perfeito; e sua felicidade, e sua paz, e as pessoas que estavam do seu lado: eu vou tirar tudo de você. você vai me odiar quando estiver sóbrio, porque vai perceber que não valho a pena e que a culpa é sua por nunca ter notado isso.

e você sabe, é claro, que tudo o que vai sobrar em você é seu próprio vício.

ela não é sua salvação

é o que você precisará saber
quando ela tentar te seduzir
e disser que irá suprir
todas as suas necessidades

ela, na verdade,
irá usurpar o que te resta
enquanto os sintomas não se manifestam
você achará que é isso o que chamam de
purificação

e seu corpo irá puir
entre os dedos dela

não, eu não sou sua salvação
eu sou uma distração
e enquanto você não prestar atenção
eu já terei te tomado por inteiro

e seu corpo irá puir
entre meus dedos

porque eu fui feita para destruir
e fazer corpos ruírem

você verá beleza
mas não há beleza em mim

eu serei o seu fim
a partir do começo

e não há outro meio
de escapar disso

hades e perséfone

você é uma flor
em um túmulo

morre mais
a cada segundo

você ainda brilha
no meio do escuro

você ainda sorri
com as tragédias do mundo

você se satisfaz
com o que não é seguro

e eu não sou

eu te mato mais
a cada segundo

você é uma flor
e eu sou o túmulo

as flores não são as drogas

você vai se arrepender
de deixar que as drogas
te destruam

e nada mais vai
florescer
no seu túmulo

silenciosa

às vezes eu penso:

vá,
faça algo que irá mudar o mundo
ou uma pessoa só
ou apenas você

mas não me sinto capaz

é muito difícil ser ouvida
quando se é uma voz que não grita

quem sabe
eu não seja feita
para ser ouvida —
ou lida

quem sabe
eu simplesmente
não seja

quem raios eu sou?

talvez o mundo esteja certo em me ignorar

eu estou aqui?

quando estou com as pessoas
sempre imagino não estar

eu estou errada?

talvez só esteja muito longe

me imagino em qualquer lugar
menos ali
como forma de me confortar
por não saber me comportar

não sei falar com as pessoas
e essa é minha desculpa
para estar
e não estar lá

e, graças a isso
por eu não olhar para as pessoas
elas não me olham também

então
quando eu volto à realidade
a milhas de distância da minha cabeça
eu queria tentar
estar lá

mas eu acho que não sei
estar lá

sim,
eu queria participar e fazer parte
mesmo quando são desconhecidos
que me apresentam

mas será que no fundo
eu quero mesmo?

será que eu não só quero
que me conheçam?

então eu me lamurio
de estar sozinha
de não ser entendida

de não ser ouvida —
é, ninguém quer ouvir

e eu não quero me ouvir também

mas no fundo,
às vezes
eu queria fazer parte
de uma vida
que não seja só a minha

queria que prestassem atenção
ou que olhassem nos meus olhos
mesmo que eu sinta vergonha por isso

que só…
tivessem algum interesse
em saber quem eu sou

talvez assim eu quisesse também

mas acho que não sou boa

em ser notada
no meio de uma multidão
não somos todos nada?

queria que eles notassem
se um dia eu gritasse

"eu estou aqui!"

e bem,
eu estou?

é assim que eu quero ser lembrada

eu estou cansada
de me olhar no espelho
e não fazer ideia de quem eu sou

eu só vejo o cabelo bagunçado
o rosto cansado
e a lembrança de quem eu quis ser
depositada na argola do lábio

tudo está tão confuso e borrado
do mesmo jeito que minha maquiagem
é quase uma máscara, não é?
viro outra, uma pessoa qualquer

eu me olho no espelho
e só vejo cicatrizes invisíveis
que gritam o previsível:
eu sou uma idiota

mas não é desse jeito que eu fui
só foi desse jeito que eu me tornei
e eu não sei me descrever de outro jeito

não lembro quem eu era antes de ser isso
não lembro se já fui feliz,
se eu era boa
ou se era tudo um resquício
do que eu me tornaria hoje
e ninguém sabe o quanto isso dói

injeto flores **145**

eu não quero ser lembrada
como alguém que teve sua vida parada
não saiu do lugar desde o fim de tudo
vendo os outros seguirem em frente, felizes
enquanto tudo que sei fazer
é estar perdida

isso dói tanto

você não sabe

o quanto.

eu quero ser lembrada apenas...
como a menina do cabelo bagunçado
do rosto com um sorriso não-forçado
com sonhos guardados nos cadernos
e o símbolo da minha rebeldia e juventude
aquela argola no lábio.

um dia

um dia
você vai subir tão alto
que a vista da cidade que brilha
vai querer que você faça uma festa —

e você não vai poder negar

um dia
você vai deixar de pegar felicidade emprestada
vai criar como quer criar plantas em sua casa
e não vai haver outra felicidade como essa

porque de você isso ninguém pode tirar

as coisas vão voltar a fazer sentido,
queridos garotos perdidos

um dia as coisas irão melhorar

pode ser que não agora
nem em outra hora
que não acontece de um dia para o outro
mas se reforça enquanto você escala os montes
procurando por uma vista confortável
a daquela cidade com que você sempre sonhou

vou embora daqui e viver meus sonhos

a vida pode até ser um grande caminho
de volta para casa

mas você vai encontrar
em algum lugar
em alguém

minha cidade não é grande o bastante para mim

quando a cidade que brilha anunciar sua chegada
quando você conseguir fazer de alguém sua morada
meu deus, que sensação incrível deve ser

pertencer a algum lugar

porque um dia (você vai ver)
você vai subir tão alto
que a vista da cidade que brilha
vai querer que você faça uma festa

nós vamos voltar pra casa já já

escape

das jaulas, apenas o fundo
do mundo, as aulas

das malas tenho as trancas
todo cadeado
não libertado dentro de mim

eles são minha prisão

ensina-me a escapar deste labirinto
sem fim

só sinto dor

traga-me mais morfina

não tenho, porém,
motivo algum para ir
muito menos para
voltar

seja eu romântica
ou mórbida
é sempre o mesmo meu modo de escape
que me faça sofrer
por uma última vez

minha prisão é a dor
meu escape é a dor

não precisa ter medo
é só o vento lá fora

saída

quando é emergência
e você usa as escadas
às vezes você sai
às vezes você escapa

se tem algo que te faz correr

é meio óbvio dizer
que você não deve olhar para trás
se tem algo que te persegue
te alcança e você nem percebe

mas se você só quer ir
então você vai, e sai
e está lá fora
e agora
tem luz de novo

mas se você tem medo
e as luzes se apagam
e os barulhos não acabam
e você ouve os passos
perdidos no espaço

talvez…
talvez você tenha que correr

a porta que te leva ao fim
se fecha e se ouve um baque
às vezes chamam de saída
mas eu chamo de escape.

eu quero ser artista

eu quero ser artista quando eu crescer
do tipo que faz a diferença na vida
de pessoas feridas

eu quero mesmo é ser reconhecida
sair na rua e ver meus livros
nas livrarias

eu quero cantar para as pessoas que querem ouvir
escrever para as pessoas que querem ler
eu quero que meu nome seja comum por aí
eu quero saber o que as pessoas querem saber

e se eu escrever poesia nos muros das avenidas?
e se eu cantar nas praças mais conhecidas?
eu vou ser maluca ou vou ser artista?
será que desse jeito eu vou ser ouvida?

se eu me arriscar em não ser bem-sucedida
em talvez ser miserável por toda minha vida
mas eu estaria melhor
se eu não fosse criativa?
se eu abdicasse toda a droga da poesia
dentro da minha cabeça distorcida?

será que eu só serei artista
quando as pessoas me ouvirem?

será que não há voz
se ninguém escuta?

eu quero ser artista quando eu crescer
saber que as pessoas querem saber
mas será que eu ainda não sou?
será que eu sempre fui?

arte mata?

eu levo o "sofrer pela arte"
a um outro nível

e ser criativa
é o que as pessoas chamariam
de incrível

eu consigo fazer as coisas boas
serem coisas ruins
é bom ter ideias
mas elas não me deixam dormir

eu sou atormentada pela minha própria arte

eu sou atormentada pela minha felicidade

mas os melhores poemas
são aqueles que nos ferem
e hoje eu os odeio

no final
matei papel com caneta
e quem sangrou fui eu

nossa dança não era um balé

é doloroso, mas bonito
exige sacrifício
extremamente difícil

eu acreditei que nossa dança fosse eterna
mas agora eu caí
e não sei muito bem como levantar daqui

talvez eu esteja me equilibrando
em uma corda bamba
extremamente frágil
e eu não saiba como descer de lá

porque o nosso amor
foi intensamente insano
mas agora não passa de uma dor

eu acreditei que nossa dança fosse eterna
porém a nossa última dança
não parecia ser a última

mas ela foi

não importa o quanto eu me esforce
para ficar de pé nas sapatilhas
eu tentei

deus, como eu tentei

mas eu não posso fazer por dois
sozinha

é difícil demais
amar o que te faz sofrer

mas eu não posso continuar me machucando
para ouvir seus aplausos

as cortinas fecham-se
o público vai embora

uma hora eu vou descansar
quando não houver mais música

e talvez
eu finalmente
fique em paz…

eu tentei prolongar a promessa
eu queria que o show não acabasse

mas abandonar a dança
foi minha escolha

porque nós realmente
nunca
estivemos
em sincronia

a arte é meu evangelho

orem por aqueles que não enxergam as cores
ou pelos que não as querem ver
por aqueles que não entendem os significados
porque não os querem entender

orem para as criaturas perdidas
na calada da noite
que escondem a vida debaixo de cobertores

saudemos os criadores
que não criaram o mundo

orem pelos desertores
da ordem natural
que criaram o sintético

e que me repitam um amém
para a melodia — amém!
à poesia — amém!
ao óleo sobre tela — amém!

vamos,
cantem um cântico sobre elas!

que toquem as cordas e rufem os tambores
nós somos os verdadeiros donos do mundo
os que divertem
os que distraem
os que dão significado a tudo

injeto flores **157**

venham e mostrem seus milagres!

transforma a água em vinho —
tinta em flores

ressuscita os mortos —
os mortos de tédio

cura os doentes —
faz a música ser vida

abre o mar vermelho —
cria portas para novos mundos em livros

porque vocês são nossa verdadeira salvação

se você tem arte inundando seus pulmões
você não é uma pessoa
você é um milagre

não há sacerdote melhor que um artista
— pois essa é a verdade!
cria da morte, a vida:
meu evangelho é a arte

rebelem-se

queimem a bandeira
caso seja necessário

e não dê ouvidos
aos sussurros partidários

porque
de qualquer forma
em qualquer lugar —

eles estarão contra nós

querendo apagar
ensurdecer
a nossa voz

sejam violentos
se for preciso

rebelem-se! rebelem-se! rebelem-se!
e sejam extremos
até sermos finalmente ouvidos

nós estamos cansados,
sim, estamos
mas nunca vamos desistir

porque nós somos
nossa última esperança

persistir também é
resistir

os poetas

os poetas são a salvação
daqueles que não têm mais jeito

os vagabundos, as putas,
os músicos, os drogados,
os insanos e os fracassados

os loucos e os gênios
vêm do mesmo lugar

somos todos perdedores
fazendo arte

se você toca guitarra
você é um poeta
se você desenha rostos que aparecem em seus sonhos
você é um poeta
se você canta no chuveiro toda vez que está feliz e
consegue dançar sem vergonha porque está sozinho

meu bem,
você é um poeta

encha nossas taças de vinho, Dionísio
me apresentem a um cigarro de menta
nós vamos andar até encontrarmos sonhos perdidos
nós somos os perdedores, mas muito bem vestidos

não tente nos dizer
o que é arte ou não é

se você escreve
você é um escritor

se você dança
você é um dançarino

se você faz drinks incríveis no bar
você é um artista

se você rima com a vida
você é um poeta

e nunca
nunca deixem que os idiotas
te digam o contrário

nós podemos ser uns fodidos bêbados
largados na orla da praia
nossos pais só querem que voltemos para casa

mas não vamos

nós somos as criaturas noturnas
que fazem as madrugadas valerem a pena

a geração beat
os poetas malditos
o spleen do Baudelaire
nós somos tudo isso —
nós somos todos poetas
viemos fazer a festa

impacto

o impacto que você tem sob mim continua intacto. não importa se eu só ouço tua voz no escuro, você é minha única fonte de corpo seguro. você não faz ideia disso, eu sei, eu sei que nem aqui você está mais, eu sei que já são quatro anos desde que tudo acabou, mas pra mim nada mudou. a sua farda na parada que te faz um pouco mais obscuro do que parece me deixa aliviada. é de fato um contato criado pra me deixar anestesiada. eu sonho com o dia em que você vai voltar, mas eu sei que se voltar, vai ser diferente. não vai ser o mesmo pelo qual me apaixonei, talvez apenas mais um cadáver vivo querendo ser rei. eu espero ouvir notícias suas o dia todo, e tudo que consigo ouvir é o estrondo morto do teu impacto, que chega como relâmpago, e raio, e trovão; me pega de surpresa sem permissão, sem previsão do quanto me causa estrago. você mudou a minha vida e eu ainda não decidi se foi pra melhor ou pra pior. de um lado, você me deixa feliz, e por um triz eu não te conheci a tempo. mas por um momento você segue desligado; e eu sempre quis que você conseguisse ter ficado, sem me deixar despida em frio suor. serão quantos remédios de distância até eu ficar bem? o meu medo de te perder começou a ir além. mas querido, você já foi; e dói, corrói e destrói. você foi vilão o tempo todo, mas me salvou como herói. as pessoas tomam o tempo todo remédios para dor, mas eu nunca ouvi falar de remédio para amor. sem minha permissão, só causou minha atenção, mudou tudo o que eu fui e sou e tudo o que eu sempre vou ser. eu sou acusada do singular crime de te querer. no final, todo mundo sofre do mesmo mal. é até surreal as dimensões finais do seu pacto. o impacto que você tem sob mim continua intacto.

acordada

não consigo dormir desde a última vez em que te vi, e temo ter sido realmente a última. não tenho tido notícias de você desde então, e sinto que você simplesmente deixou de fazer parte da minha vida. e depois de tudo, eu não deveria deixar isso acontecer.

não consigo dormir desde a última vez em que te vi. gostaria de poder conversar com você a madrugada inteira, gostaria que cantasse para eu poder dormir, feito uma criança. porque eu não quero acordar sozinha amanhã. porque eu não quero mais viver sem você. porque não quero ver você em nenhum outro lugar senão ao meu lado.

eu não tenho esse poder. sempre achei que o tinha, mas não. eu nunca o tive. o poder de fazer você ficar. mas agora vejo que te deixei ir tão fácil por ser tão boba, e por ser tão boba te deixei ir tão fácil. tão fácil.

tenho ficado acordada pensando em você feito uma idiota. tenho pensado principalmente no fato de que você não está fazendo o mesmo por mim; na verdade, nunca fez. e isso dói. porque estou acordada por você enquanto você dorme, e eu sequer apareço nos seus sonhos.

se eu pudesse dormir agora, sonharia com você. porque é tudo o que eu consigo processar. porque é o que está me mantendo acordada, talvez o maior motivo pelo qual eu deveria dormir. se eu pudesse dormir agora, ouviria em minha cabeça todas as músicas que me lembram você. se eu pudesse dormir agora, acordaria com a sensação de que você esteve aqui. veio, e se foi. e nem sequer me acordou. se eu pudesse dormir agora, eu te veria novamente.

não consigo dormir desde a última vez em que te vi. é que meus pensamentos sobre você me mantêm acordada. é pior que cafeína, heroína. os olhos arregalados, as pupilas dilatadas. acordada por você. e eu sei que você não merecia nem nunca mereceu, mas sim. eu me mantive acordada por você.

e eu esperei enquanto amanhecia por algum sinal seu. algo que pudesse me fazer voltar atrás; talvez um sorriso, um olhar, uma carta, uma palavra, tão simples. eu só quero saber se você se importa. se você se importa de verdade. ou se ao menos já se importou.

se eu pudesse dormir agora, sonharia com você.

entre os meus cadernos

eu achei que seria melhor te guardar ao invés de te ver ir. talvez desse jeito eu pudesse acreditar que você ainda estava aqui, mas não estava. eu ainda te via dentro de mim quando você já tinha partido. você foi embora, mas não levou minhas memórias. elas te mantinham vivo. elas te mantinham claro. elas te mantinham do mesmo jeito que era antes de ir.

é difícil demais

te deixar ir.

eu prendi por muito tempo a sua lembrança, e acabei me fazendo acreditar de que esse era você.

mas não era.

não era você e eu menti para mim mesma, te usei como se fosse uma boneca. eu ignorei seus passos indo pra longe de mim. ignorei o nosso fim. não, eu não poderia te superar. eu nunca conseguiria te superar.

quando percebi isso

queria muito gritar.

e não ecoava nenhum som que não fosse o da sua voz. não tocava nenhuma música que não fosse sobre você. não existia nenhum lugar em que você não estava. não existiam palavras que não fossem suas. não existia nem uma parte de mim que você não tinha tocado. não existia nenhum pensamento que não te envolvia.

mas não existia mais você

nas coisas que eu escrevia.

injeto flores **165**

se continuasse dentro de mim, ainda seria você. eu não posso te deixar ir. eu não posso seguir em frente. deve haver outro jeito...

não havia.

eu espalhei folhas pelo quarto. eu peguei a guitarra. escrevi os acordes, dedilhei as cordas. entendi.

antes eu queria fazer de você uma ilusão, mas que fosse eterna. depois de perceber, fiz tanto esforço para te tirar de mim, mas não saiu de começo. é difícil demais te deixar ir. mas não era você que não queria sair de mim, era eu que te prendia cada vez mais.

é difícil demais

te deixar ir.

mas eu precisava.

amar não deveria doer, não é?

então eu escrevi. e passei horas escrevendo. eu passei a noite te tirando de mim. não era uma cirurgia, porque não tinha anestesia. não era exorcismo, não havia nada de mal em você. eu estava gritando com tinta de caneta, com alguma melodia, talvez. malfeitas, abafadas, o som do fim. fiz tanto esforço que tossi sangue. eu enfiava o dedo na garganta, esperando que você fosse o incômodo que acaba. fiz tanto esforço para te tirar de mim

e no fim

acabei te regurgitando e te vendo entre os meus cadernos.

seu nome

eu estou quase esquecendo o dia em que te conheci
esperando que a memória esvaia-se de mim
não quero perder nenhum detalhe
mas é que às vezes parece inevitável

eu estou quase esquecendo o som da sua voz
porque já faz muito tempo que não nos vemos
talvez você nunca tenha existido de verdade
talvez fui eu que sonhei demais com seus olhos

eu estou quase esquecendo as curvas do seu sorriso
porque das últimas vezes em que nos
vimos você soava tão triste
melodias trovejantes eram a trilha sonora da nossa vida
mas tudo que éramos jaz agora morto

eu estou quase esquecendo o calor do seu corpo
porque já faz muito tempo que não o toco
me sinto idiota por ter te desejado tão avidamente
agora estou sozinha no meio do inverno

eu estou quase esquecendo tudo o que nós fomos
e ainda não sei se isso é bom ou ruim
eu estou quase esquecendo você
mas também estou quase esquecendo de mim

com o passar dos anos, iremos envelhecer
e nada será como antes
um dia estarei muito longe de você
um dia eu vou me olhar no espelho e não
sentirei falta de ver você refletido nele

um dia eu irei escutar seu nome sem sentir dor
um dia eu irei escutar seu nome e ele será só mais um nome
apenas um nome
e essa maldita palavra não me machucará mais

nós nunca mais vamos nos destruir de novo
e a calmaria vai preencher meu vazio no peito
meu vazio no quarto vai ter outros dois gatos para amar
e eu espero conseguir ser feliz depois disso

eu estou quase esquecendo tudo isso
eu estou quase esquecendo você
mas eu ainda não sei como fazer
para quase esquecer
o seu nome

e a sensação que sinto ao ouvi-lo

anjo pt. II

eu caí como um anjo pecador
e você, um demônio, cuidou de mim
até eu poder voar de novo

mas eu não quis voar

e isso foi um grande erro

poetas

no fim da minha vida
me anunciarei poeta
a morte mal me espera

tenho andado com este enorme hábito
de deixar espaços vazios
no final das linhas

sozinhas, não

a verdade é que eu
tenho medo de tudo

no fim da minha vida
me anunciarei poeta
porque poetas não morrem
só voltam ao seu lugar de origem

o problema dos poetas

escrever acreditando
que escrever é a cura
é a mais pura tortura

às vezes não tem como saber
se salva ou mata

mas o maior problema de todos nós não está na poesia
daqueles que passam o dia escrevendo
em linhas que não acabam

não está na falta de inspiração —
droga de poesia monotonia
nem no fato de que ninguém te lê —
aliás, você sabe meu nome?
não está no dilema de esquecer uma palavra importante
para o texto — qual o contrário de contrário?
nem em tentar se adequar às figuras de linguagem
— será que era antítese ou paradoxo?

o problema está fora do poema
da poesia e da arte
o problema é que quando se convive com um poeta
você começa a acreditar que ele vê tudo no mundo
com os olhos de seu eu-lírico

maldita é a hora em que eu estou desabafando e me
ocorre uma frase bonita demais para não ser escrita

ou quando eu vejo uma flor amarela e acredito
que é a salvação dos meus problemas
ou ainda quando eu digito algo totalmente
superficial que se torna profundo
por que eu tenho essa mania de poetizar tudo?

nem tudo é arte ou poesia, deveriam me dizer
nem tudo rima ou é bonito
às vezes é sujo e trivial
mas de que importa se já foi escrito?

tem coisas que eu nem preciso escrever
para dizer que são poesia

por que romantizar tanto os olhos
grandes da pessoa que eu amo?
ou dizer que minha dor é escrita com cicatrizes?
nem era para ser uma dor bonita, mas
acredito que esses eram dias felizes

será que é tão ruim assim enxergar o mundo
com os olhos do meu eu-lírico?
será que as pessoas se irritam com o fato
de eu transformar tudo em poesia?

mas eu posso te dizer, cara pessoa que lê,
que se um dia
já te transformaram em poesia
quer dizer que você agora é eterno
sabe, aquela coisa de um escritor que te ama

será que isso é sorte?
todo mundo odeia romantização, não é?
mas e se eu fui lá, idiota, e errei
em romantizar o amor?

porque no final é disso que os poetas são feitos

dentro

invento que dentro de mim
há algo bom

sou uma boa pessoa,
apesar de tudo

tento disfarçar, mas não dá
isso sempre vem à tona

escondo nos dedos
um pouco de tudo
minto como ninguém
todos acreditam

escondo flores e tudo
o que não são flores
dentro de mim

afinal, todos veem
seus próprios monstros
que não podem se esconder
debaixo da cama

me aflige demais
fingir ser alguém
para esconder o melhor de mim
que de fato acabou

eu escrevo coisas bonitas demais
para a pessoa horrível que eu sou

tudo é temporário

quando eu vejo alguém dizer "tudo é temporário" como uma forma de conforto, só penso no quanto essa frase me assombra. parece que, quando as pessoas dizem tal coisa às outras, tentam apaziguar uma dor finita. faz sentido, é claro, mas eu sou pessimista demais para simplesmente pensar *"sim, minha dor é temporária, não preciso me preocupar"*. o que me preocupa é que tudo é realmente temporário. se minha dor é, minha felicidade também. eu também sou temporária.

eu sou temporária.

como as pessoas conseguem se consolar ao dizer isso? o que eu penso é que tudo é temporário, as coisas ruins, sim; mas as coisas boas também são. tudo à minha volta, todos ao meu lado, tudo isso é temporário. não sei como seguir minha vida tranquilamente enquanto sei disso.

eu sou temporária. meu corpo é temporário e, mesmo que algumas pessoas acreditem no contrário, minha alma também é. eu queria me eternizar de algum jeito. eu precisava de um legado.

lembrei que escrevo, e foi por isso mesmo que decidi escrever isto. sim, eu sou completamente temporária, finita, passageira, efêmera e breve. é por isso que preciso me registrar de vez em quando. enquanto meu ser for de curto prazo, farei o possível para me eternizar. escolhi as palavras. é assim que me registro em um mundo fugidio e momentâneo.

quando jogarem as flores no meu túmulo e praguejarem sobre as drogas que me levaram, verão, explicitamente, no epitáfio cravado em minha lápide, os escritos que declaram:

"fui temporária, mas minha arte é eterna".

efeito colateral

você me causou efeitos colaterais, eu sinto isso desde que comecei a sentir algo por você. estou vendo o efeito que você causa no meu dia a dia, nas minhas próprias palavras, nas minhas ações, nos meus feitos, nas coisas que escrevo... você me causou efeitos colaterais, como em um modo de cura. como se fosse meu remédio, que tira a dor e vem com outra de presente. você me causou efeitos colaterais, porque você me curou e fez de mim uma doente. doente de amor, se quer saber, porque eu acredito, sim, que isso o que eu sinto seja amor, mesmo que um amor que acabou de nascer, ainda assim, é um tipo de amor. você me causou efeitos colaterais, e eu estou tentando achar uma maneira de reverter isso. porque os efeitos que você me causa são fortes demais para suportar, mas você é remédio e remédio é droga e droga vicia. então você já sabe em que situação estou.

você me causou efeitos colaterais, mas a dor é bonita. então não tenho medo de senti-la.

remédio

em dias em que não consigo dormir, você é o que me mantém de olhos abertos. você me faz sonhar acordada e ainda acredito que isso é um efeito colateral do remédio. no caso, você é meu remédio. eu só ouço sobre você e ainda me pergunto como fui chegar a este ponto. de ser tão dependente assim.

suas palavras já me fizeram sucumbir, as músicas que você canta continuam na minha cabeça. ainda é estranho me sentir assim no meio de tanta confusão, mas você é o ópio para minha mente nebulosa. você é meu remédio.

você causou uma dor que é boa de sentir, a dor é bonita. essas pílulas não deveriam ser minhas inimigas. mas você as faz ser, às vezes. você ainda me deixa zonza, como se estivesse ingerido uma droga. no caso, você é a droga. e eu ainda não sei como isso pode ser bom.

você é remédio e minha dependência pode me levar à morte; talvez não tão drasticamente, mas a uma morte simbólica. no meio de tanta histeria, você provocou calma e agora estou aproveitando meu momento, completamente dopada, sem conseguir dormir, ouvindo essa mesma música sem parar. eu ainda não sei como consigo continuar com isso.

hipocondria

a questão é que eu estava cansada. cansada de ser doente por achar que estava doente por você. uma coisa que nunca, nunca aconteceu.

é irônico e até hilário: eu sou doente só por achar que estou doente. e essa doença prevaleceu no meu cérebro por meses. eu realmente achei que amava você. Mas, meu bem, nunca foi verdade como eu falei.

eu me libertei dessa hipocondria quando realizei que na verdade era meu próprio cérebro que estava brincando comigo, e não você. eu me libertei do meu remédio, levei alta e estou saindo da grande sala branca para o mundo, de novo.

deixei de achar que precisava de remédios para poder viver, deixei de achar que precisava de você. não. eu nunca precisei. nunca precisei do remédio. nunca estive doente por você.

e sei disso porque hoje também sei de outra coisa: você é remédio e remédio é droga e droga...

não cura.

proposta

vamos sair daqui, amor. chega de tantas grades em volta da prisão que é essa cidade. pega seu carro, faz suas malas. podemos ir para qualquer lugar. com um pouco de dinheiro, coragem, um maço de cigarros e cobertores, nós podemos sair vagando por aí, sem rumo, até encontrar o nosso lugar. visitar as praias que nunca vimos e andar pelo centro de cidades pequenas. entrar de penetra em festas e invadir casas abandonadas à noite para dormir. podemos arranjar pequenos empregos, ficar uma semana ou duas morando em um hotel. podemos procurar por pessoas que nos ajudem a encontrar o que mais queremos: diversão. luzes, corridas de carro às três da manhã, deitar em uma avenida, as baladas e os comprimidos, os doces e os amargos da vida. vamos fazer da nossa vida uma aventura descabida. apostas, brigas de rua, badalação, joguinhos. vamos viver uma vida perigosa, estar sempre no limite de tudo. quer estar no ponto mais alto do mundo? ele fica bem aqui, do meu lado. vamos passar o ano novo em um lugar inusitado, vai ser divertido, vamos ser errados. vamos tocar e cantar na rua, tentar ganhar uns trocados vivendo da nossa arte. vamos para os bares, ver os jogos do seu time e comemorar mais tarde. vamos pular de paraquedas, ir à montanha-russa mais alta do país, nadar com tubarões. o seguro não é para mim. e para você, amor? vou escrever textos de amor no teu braço e a gente vai se beijar debaixo d'água. vamos ser eu e você contra o resto do mundo. vamos ser tudo o que sempre quisemos ser e que ninguém nunca nos permitiu. imprudentes, imprevisíveis, inalcançáveis. vamos lá, amor. sei que você nunca quis uma vida comum. vamos mostrar para eles que nem todos os que vagueiam estão perdidos.

opostos

nós dois somos opostos
retrai

e ao mesmo tempo iguais
atrai

há uma força me mantendo perto
vinda de longe
e espero que não se vá

de olhos fechados você é o certo
mais um pouco
e não há distância

sucumbidos por meio do ódio
retrai

amor, até onde você vai?
atrai

o suave e agressivo movimento dos seus lábios

como podem lábios tão obscuros
carnais e sedentos por sangue
vermelhos ao morder
cinzas ao dormir
pousados em minha pele
esperando para agir
que sussurram desejos incultos

se tornarem um sorriso puro
alegre e ardente, incandescente
que traz um ar de ingenuidade demais
para quem vai para o inferno
que segura com habilidade
um riso etéreo e eterno
que dispara luz no escuro?

você não é de verdade

cuidado com quem você finge ser
porque um dia suas máscaras sociais
irão correr atrás de você

elas vão te comer vivo

cuidado com quem você finge ser
porque o homem duplica-se
e se tirarem suas mentiras do seu corpo
nada fica

você não é mais
do que um retrato
de falta de individualidade
não te pintariam um quadro

você não é de verdade

preencher o seu vazio
sua futilidade
com uma pessoa de mentira

você não é de verdade

não existe mais fingimento poético
agora é sua *alterpersonalidade*
mascarada realidade

você não é de verdade

dizer e não ser
faz de você
coitado ser
e por quê?

não existe nada mais falso que identidade adulterada

você acredita que
convence alguém de algo
com sua personalidade dissimulada

mas as máscaras caem
e por trás das suas
não existe nada

eu gosto de romance, mas prefiro vingança

jogue fora as flores, elas nunca vão te livrar das dores.

você me quer, você me tem, você me deixa. e então quer de novo. é dessa maneira que as coisas funcionam, eu só te aceito de volta porque já tenho um plano. se você se arrepende, eu não me importo. se você volta, eu te aceito. se você pede desculpas, eu escuto. mas não perdoo. você só não sabe disso.

as suas desculpas são flores e meu perdão é feito de querosene, a droga. eu as aceito, eu as rego, tudo na sua frente. assim que virar as costas, eu as incendeio; ateio fogo ao seu arrependimento. foi você quem começou. não é minha culpa.

minha vingança é fazer exatamente o que você fez. eu estou cobrando minha dívida. por uns dias, você acha que me tem; me trata tão bem, esquece os pecados. as flores no vaso, você do meu lado. tudo são flores. tudo são flores? pode deixar, eu mato.

às vezes sentir-se mau é delicioso. nesses momentos, álcool e cigarro sempre vão bem. não são mais válvulas de escape, mas comemoração. *a vitória é minha, e eu não a quero.* não quero você. quero atear fogo com whisky barato e cigarro de cravo. você no seu pior estado. as flores em chamas. você pediu por isso o tempo todo.

que acenda e que arda e que doa. que inflame e que cegue, o meu fogo. e que queime profundamente quando você perceber. quando eu pisar nas flores bem na sua frente. eu gosto de romance, mas eu prefiro vingança. e eu gostava de você, mas não acho que seja importante o suficiente para te odiar. eu estou bem. e você, está?

as minhas desculpas são flores e eu não ligo para o perdão, a ironia é te dar exatamente o que você me deu. meu último desejo não é apenas rir por último, mas te ver chorar por último. a vitória é minha, e eu não a quero. renuncio, pois tudo que eu queria era o gosto de te ver chamuscada, caída no chão. posso dar um conselho de consolo, no final: jogue fora as flores.

elas nunca vão te livrar das dores.

a morte está em todo lugar

se ela não te mata, ela vive dentro de você. se te mantém vivo, é para fazer você temê-la. se ela não aparece cedo, tentamos fazer com que chegue. muitos querem viver a morte. e se ela te abraça, você só se afoga dentro dela. e se está perto, você se refugia; como se ela fosse uma casa. se não tem mais o que fazer sobre, você a aceita. e então sofre eutanásia. nós não conseguimos escapar disso.

às vezes eu me pergunto: o que é viver senão morrer aos poucos?

minha mãe presenciou a morte em leitos de hospitais. meu pai presenciou isso em tiroteios nas ruas. minha irmã quase viveu quando sofreu um acidente de carro. eu guardei a morte dentro de mim enquanto tentava continuar viva. nada pode nos salvar, ela é inevitável.

as pessoas choram quando nascem e quando morrem, elas só não percebem. porque acontece rápido demais, e se você consegue ter noção de que está morrendo, você só aceita, como se não houvesse nada para fazer sobre. e não há, para falar a verdade. ela não avisa, ela só chega. e você só espera que ela demore a bater na sua porta.

injeto flores **185**

preparação

eu estou cansada das flores
larguei as drogas
e tudo que sobrou
foi nada

eu estive pensando
em recomeçar outra vez
mas agora ainda
é de madrugada

desgaste

abra a janela, você tem pouco tempo
nós estamos a cada dia
um poema mais próximos do fim
logo tudo isso irá acabar
as flores te amaram
e você entorpeceu os vícios
mas fique sabendo, caro leitor,
que todo fim
é também um início

fim

eu quis ser lembrada
fui tomada pelos vícios
e me entorpeci de amor

nem tudo são flores, mas
esse é o fim que eu estava esperando

o meu maior desejo é quebrar as paredes
e fazer o mundo ver
uma garota invisível como eu

eu plantei as flores
eu matei os vícios

eu sobrevivi
a mais um ano

e você, caro leitor,
você sobreviveu ao meu primeiro livro.

obrigada por isso.

- editoraletramento
- editoraletramento.com.br
- editoraletramento
- company/grupoeditorialletramento
- grupoletramento
- contato@editoraletramento.com.br

- editoracasadodireito.com
- casadodireitoed
- casadodireito